从新手到高手系列

新手学会计
从入门到精通

陈晟 编著

化学工业出版社

·北京·

内容简介

《新手学会计——从入门到精通》是专为会计新手而打造的,分为三个部分。

第一部分为"会计新手适应期"。主要讲述认识自己的岗位、了解自己的企业、了解岗位工作流程等内容。

第二部分为"会计业务入门期"。主要讲述建立会计账户,会计凭证处理,记账,会计核算,结账、对账及更正错账,税务会计事务处理,编制会计报表等内容。

第三部分为"会计业务提升期"。主要讲述财务分析、节税筹划、会计人职业生涯规划等内容。

通过对本书的学习,会计新手可以全面掌握会计业务的各项技能,更好地开展会计业务工作。

图书在版编目(CIP)数据

新手学会计:从入门到精通/陈晟编著.—北京:化学工业出版社,2021.1
(从新手到高手系列)
ISBN 978-7-122-37840-8

Ⅰ.①新⋯　Ⅱ.①陈⋯　Ⅲ.①会计学-基本知识　Ⅳ.①F230

中国版本图书馆CIP数据核字(2020)第188750号

责任编辑:陈　蕾　　　　　　　　　　　　装帧设计:尹琳琳
责任校对:宋　玮

出版发行:化学工业出版社(北京市东城区青年湖南街13号　邮政编码100011)
印　　装:三河市延风印装有限公司
710mm×1000mm　1/16　印张13$\frac{1}{2}$　字数243千字　2021年1月北京第1版第1次印刷

购书咨询:010-64518888　　　　　　　　　售后服务:010-64518899
网　　址:http://www.cip.com.cn
凡购买本书,如有缺损质量问题,本社销售中心负责调换。

定　　价:58.00元　　　　　　　　　　　　　版权所有　违者必究

前言

会计是企业管理的基础工作,也是企业管理的重中之重,企业所有者和会计必须全面了解会计的工作及内容。

随着社会的进步,会计工作越来越进入大家的职业规划中。会计一直是一个热门专业,这源于它较高的社会认可度,工作的稳定性,没有业绩压力以及高就业率。

但对于刚毕业的大学生,或者从其他职业转行而来的会计新手,要真正把会计工作做好却不是那么容易,因为会计并不是简单地记记数、做做账。所以,许多新人就茫然起来。其实,这个时候,你要更加注重学习!学习是一个永恒的话题,特别是你进入了新公司,一切都是新的,你在学校里面学的知识,或者是以前的一些经验和技能也许在这个公司不适用,也许一切都要从头再来,所以学习非常必要。新手要时刻保持高昂的学习激情,不断补充知识,提高技能,以适应公司发展,争取获得更多更好的发展机会,为机遇做好准备。

本书就是专为会计新手而打造的。本书内容分为三个部分。

第一部分为"会计新手适应期",主要讲述认识自己的岗位、了解自己的企业、了解岗位工作流程等内容。

第二部分为"会计业务入门期",主要讲述建立会计账户,会计凭证处理,记账,会计核算,结账、对账及更正错账,税务会计事务处理,编制会计报表等内容。

第三部分为"会计业务提升期",主要讲述财务分析、节税筹划、会计人职业生涯规划等内容。

通过对本书的学习,会计新手可以全面掌握会计业务的各项技能,更好地开展会计业务工作。

本书具有以下四个特点。

(1)模块清晰。全书分为三大部分,即会计新手适应期、会计业务入门期和会计业务提升期。

(2)内容全面。本书的最大亮点就是把会计新手需要掌握的知识和技能分成三个阶段,循序渐进。

（3）拓展知识丰富。本书提供了大量的流程、图表，以直观的形式展示相关内容，便于读者阅读和学习。此外，书中还设置了"范本""实例""温馨提示"等栏目，对相关内容进行丰富和拓展，为读者提供了有价值的信息。

（4）实操性强。由于现代人工作节奏快、学习时间有限，本书尽量做到去理论化、注重实操性，以精确、简洁的方式描述所有知识点，最大限度地满足读者希望快速掌握会计业务技能的需求。

由于笔者水平有限，书中难免会出现疏漏与缺憾之处，敬请读者批评指正。

编著者

目录

01 第一部分 会计新手适应期

刚毕业的大学生，或者从其他行业转行而来的会计新手，进入会计行业总有一段适应期，这段时间把握得好，能很快地适应工作的节奏，尽快胜任自己的岗位并取得快速成长和提高。在这一适应期，会计新手应对企业文化、工作制度加以了解，更多的是要清楚自己岗位，需要具有哪些能力和具体负责的工作及业务程序。明确了自己的岗位要求，会计新手要针对这些要求，检视自己的能力是否具备，对于那些尚有差距的部分，自己要"苦练内功"，进行相应的提高。

第1章 认识自己的岗位 ·· 002
  1.1 认识会计岗位的职责 ·· 002
    【范本】某企业的会计职位说明书 ······································ 006
  1.2 了解岗位的工作要求 ·· 009
  1.3 了解岗位前任离职的原因 ·· 009
  1.4 了解企业是如何评价岗位工作的 ·· 009
    【范本】某公司的会计人员绩效考核 ···································· 010

第2章 了解自己的企业 017
2.1 了解企业的基本资料 017
2.2 了解企业的财务部组织架构 017
2.3 了解企业的规章制度 020

第3章 了解岗位工作流程 022
3.1 小型企业每月会计业务流程 022
3.2 大型企业会计业务流程 025

02
第二部分 会计业务入门期

> 大部分工作都有一个熟能生巧的过程，我们经常练习，多做准备，相应地就会越来越熟练，岗位的适应能力也就会越来越强，会计业务的开展也是如此。会计新手们可以按照本部分所介绍的业务内容，一步一个脚印、踏踏实实地做好每件事。当各项业务操作过几次后，就一定能够达到熟能生巧的地步，也为将来职位的提升打好坚实的基础。

第4章 建立会计账户 036
4.1 企业刚成立建账 036
4.2 企业成立第二年或以后年度（年初建账） 041

第5章 会计凭证处理 043
5.1 编制原始凭证 043
5.2 原始凭证的审核 045
5.3 编制记账凭证 046

5.4 记账凭证的审核 053
5.5 记账凭证附件的处理 053
   相关链接：原始凭证的粘贴 054
5.6 会计凭证的传递 055
5.7 会计凭证装订 055
5.8 会计凭证的保管 059

第6章 记账 061

6.1 借贷记账法 061
6.2 登记分类法 064

第7章 会计核算 075

7.1 货币资金核算 075
7.2 应收与预付款项的核算 077
7.3 存货核算 087
7.4 固定资产核算 089
7.5 流动负债核算 093
7.6 收入的核算 097
7.7 成本核算 107
7.8 无形资产及其他核算 111
7.9 所有者权益核算 113
7.10 利润核算 116

第8章 结账、对账及更正错账 119

8.1 结账 119
8.2 对账 121
   相关链接：查找错账的方法 122
8.3 更正错账 124

第9章　税务会计事务处理·································128

- 9.1　收集最新财税信息·································128
- 9.2　税务发票的认购·································128
- 9.3　税务发票的开具·································130
- 9.4　电子发票的申请与开具·································134
- 9.5　认证增值税专用发票·································135
- 9.6　增值税发票查验·································140
- 9.7　纳税申报与税款缴交·································143
- 9.8　自助办税服务终端实用指南·································145

第10章　编制会计报表·································153

- 10.1　编制会计报表的基本步骤·································153
- 10.2　资产负债表的编制·································154
- 10.3　利润表的编制·································161
- 10.4　现金流量表的编制·································167

第三部分　会计业务提升期

> 和很多岗位相比，会计岗位没有业绩上的压力，工作时间、收入都相对稳定，所以很多年轻人就安心享受生活。但是，会计人的职业不能停留于此。会计新手经过一段时间的业务入门实践之后，要有目标地提升自己的业务能力，使自己不断地"增值"，尤其在财务分析和节税筹划方面。同时，会计人要了解财务岗位的职业发展路径，确定自己的职业目标，并不断地学习以达成目标。

第11章　财务分析 ·········· 176

11.1 财务分析的比率指标 ·········· 176
11.2 财务分析的方法 ·········· 184
11.3 财务分析常用表格 ·········· 188
11.4 编制财务分析报告 ·········· 192

第12章　节税筹划 ·········· 195

12.1 何谓节税筹划 ·········· 195
12.2 合理筹划的要点 ·········· 195
12.3 不同税种节税筹划要领 ·········· 196

第13章　会计人职业生涯规划 ·········· 199

13.1 会计人的职业发展路径 ·········· 199
13.2 从会计岗走向财务经理 ·········· 200
13.3 从财务经理到CFO ·········· 204

第一部分 会计新手适应期

新手学会计 从入门到精通

导言

刚毕业的大学生，或者从其他行业转行而来的会计新手，进入会计行业总有一段适应期，这段时间把握得好，能很快地适应工作的节奏，尽快胜任自己的岗位并取得快速成长和提高。在这一适应期，会计新手应对企业文化、工作制度加以了解，更多的是要清楚自己岗位，需要具有哪些能力和具体负责的工作及业务程序。明确了自己的岗位要求，会计新手要针对这些要求，检视自己的能力是否具备，对于那些尚有差距的部分，自己要"苦练内功"，进行相应的提高。

第 1 章

认识自己的岗位

作为一名员工,应该明白,工作表现的好坏,在于职责范围内工作完成的情况如何。因此,会计人员想要有好的业绩,想要赢得领导的重视,首先要对自身的职责内容有充分的了解。

通常来说,会计人员可以从以下几方面了解自己的工作岗位。

1.1 认识会计岗位的职责

会计人员是从事会计工作、处理会计业务、完成会计任务的人员。企业、事业单位、行政机关等,都应根据实际需要配备一定数量的会计人员。

1.1.1 会计人员的法定职责

会计人员的职责,概括起来就是及时提供真实可靠的会计信息,认真贯彻执行和维护国家财政制度和规范,积极参与经营管理,提高经济效益。根据《中华人民共和国会计法》(以下简称《会计法》)的规定,会计人员的主要职责如下。

(1)进行会计核算。会计人员要以实际发生的经济业务为依据,记账、算账、报账,做到手续完备、内容真实、数字准确、账目清楚、日清月结、按期报账,如实反映财务状况、经营成果和财务收支情况。进行会计核算,及时提供真实可靠的、能满足各方需要的会计信息,是会计人员最基本的职责。

(2)实行会计监督。各单位的会计机构、会计人员对本单位实行会计监督。会计人员对不真实、不合法的原始凭证,不予受理;对记载不准确、不完整的原始凭证,予以退回,要求更正补充;发现账簿记录与实物、款项不符时,应当按照有关规定进行处理;无权自行处理的,应当立即向本单位行政领导人报告,请求查明原因,做出处理;对违反国家统一的财政制度、财务制度规定的收支,不予办理。

(3)拟订本单位办理会计事务的具体办法。

(4)参与拟订经济计划、业务计划,考核、分析预算、财务计划的执行情况。

(5) 办理其他会计事务。

1.1.2 会计岗位设置及相应职责

每个企业可以根据实际需要设置会计岗位。如有的企业设置会计主管、出纳、流动资产核算、固定资产核算、投资核算、存货核算、工资核算、成本核算、利润核算、往来核算、总账报表、稽核、综合分析等特定会计岗位。而这些岗位有的是一人一岗、一人多岗，也可能是一岗多人。

但是也有企业根据自己的业务需要分别设置，而有的小企业只有一个会计和一个出纳。

不同岗位的会计，所负责的业务是有所区别的，表1-1列举了不同会计岗位的职责。具体则需要阅读企业的职位说明书。

表1-1 不同会计岗位的职责

序号	岗位	具体职责
1	会计主管	（1）按照会计制度及有关规定，结合本单位的具体情况，主持起草本单位具体会计制度及实施办法，科学组织会计工作，并领导、督促会计人员贯彻执行 （2）参与经营决策，主持制定和考核财务预算 （3）经常研究工作，总结经验，不断改进和完善会计工作 （4）组织本单位会计人员学习业务知识，提高会计人员的素质，考核会计人员的能力，合理调配会计人员的工作
2	出纳	（1）严格按照本单位《货币资金内部会计控制实施办法》的规定，对原始凭证进行复核，办理款项收付 （2）办理银行结算，规范使用支票 （3）认真登记日记账，保证日清月结，及时查询未达账项 （4）保管库存现金和有关印章，登记注销支票 （5）审核收入凭证，及时办理销售款项的结算，督促有关部门催收销售货款
3	资金管理岗	（1）反映资金预算的执行及控制状况 （2）筹措及调度资金 （3）办理借贷款事项及其清偿 （4）办理投资业务 （5）记录、保管各种有价证券 （6）与财务调度有关的其他事项

续表

序号	岗位	具体职责
4	预算管理岗	（1）编制各期资金预算 （2）编制及考核生产预算 （3）编制及控制成本费用预算 （4）编制及分析销售预算 （5）编制及执行资本预算 （6）处理其他与预算有关的事项
5	固定资产核算岗	（1）会同有关部门拟定固定资产管理与核算实施办法 （2）参与核定固定资产需用量，参与编制固定资产更新改造和大修理计划 （3）计算提取固定资产折旧、预提修理费用 （4）参与固定资产的清查盘点与报废 （5）分析固定资产的使用效果
6	存货核算岗	（1）会同有关部门拟定材料物资管理与核算实施办法 （2）审查采购计划，控制采购成本，防止盲目采购 （3）负责存货明细核算，对已验收入库尚未付款的材料，月终要估价入账 （4）配合有关部门制定材料消耗定额，编制材料计划成本目录 （5）参与库存盘点，处理清查账务 （6）分析储备情况，防止呆滞积压。对于超过正常储备和长期呆滞积压的存货，要分析原因，提出处理意见和建议，督促有关部门处理
7	成本核算岗	（1）核对各项原材料、物品、产成品、在产品入库领用事项及收付金额 （2）编制材料领用转账凭证 （3）审核委托及受托外单位加工事项 （4）计算生产与销售成本及各项费用 （5）进行成本、费用的分配及账目之间调整 （6）分析比较销售成本，做好成本日常控制 （7）进行内部成本核算及业绩考核 （8）编制公司有关成本报表 （9）其他与成本核算、分析、控制有关的事项
8	工资核算岗	（1）审核有关工资的原始单据，办理代扣款项（包括计算个人所得税、住房基金、劳保基金、失业保险金等） （2）按照人事部门提供的工资分配表，填制记账凭证 （3）协助出纳人员发放工资，工资发放完毕，要及时将工资和奖金计算明细表附在记账凭证后或单独装订成册，并注明记账凭证编号，妥善保管 （4）计提应付福利费和工会经费，并进行账务处理

续表

序号	岗位	具体职责
9	往来结算岗	（1）执行往来结算清算办法，防止坏账损失。对购销业务以外的暂收、暂付、应收、应付、备用金等债权债务及往来款项，要严格清算手续，加强管理，及时清算 （2）办理往来款项的结算业务。对购销业务以外的各种应收、暂付款项，要及时催收结算；对应付、暂收款项，要抓紧清偿；对确实无法收回的应收账款和无法支付的应付账款，应查明原因，按照规定上报，经批准后处理。实行备用金制度的公司，要核定备用金定额，及时办理领用和报销手续，加强管理。对预借的差旅费，要督促及时办理报销手续，收回余额，不得拖欠、不准挪用 （3）负责往来结算的明细核算。对购销业务以外的各项往来款项，要按照单位和个人分户设置明细账，根据审核后的记账凭证逐笔登记，并经常核对余额。年终要抄列清单，并向领导或有关部门报告
10	收入利润核算岗	（1）负责销售核算，核实销售往来。根据销货发票等有关凭证，正确计算销售收入以及劳务等其他各项收入，按照国家有关规定计算税金。经常核对库存商品的账面余额和实际库存数，核对销货往来明细账，做到账实相符、账账相符 （2）计算与分析利润计划的完成情况，督促实现目标 （3）建立投资台账，按期计算收益 （4）结转收入、成本与费用，严格审查营业外支出，正确核算利润。对公司所得税有影响的项目，应注意调整应纳税所得额 （5）按规定计算利润和利润分配，计算应缴所得税 （6）结账时的调整业务处理
11	税务会计	（1）办理公司税务上的缴纳、查对、复核等事项 （2）办理有关的免税申请及退税冲账等事项 （3）办理税务登记及变更等有关事项 （4）编制有关的税务报表及相关分析报告 （5）办理其他与税务有关的事项
12	总账报表岗	（1）负责保管总账和明细账，年底按会计档案的要求整理与装订总账及明细账 （2）编制会计报表并进行分析，写出综合分析报告 （3）其他与账务处理有关的事项

续表

序号	岗位	具体职责
13	稽核岗	（1）审查财务收支。根据财务收支计划和财务会计制度，逐笔审查各项收支，对计划外或不符合规定的收支，应提出意见，并向领导汇报，采取措施，进行处理 （2）复核各种记账凭证。复核凭证是否合法，内容是否真实，手续是否完备，数字是否正确，记账分录是否符合制度规定 （3）对账簿记录进行抽查，看其是否符合要求，并将计算机中的数据与会计凭证进行核对 （4）复核各种会计报表是否符合制度规定的编报要求。复核中发现问题和差错，应通知有关人员查明、更正和处理，稽核人员要对审核签署的凭证、账簿和报表负责

1.1.3 了解岗位的途径——职位说明书

有些企业有明确的职位说明书，详细规定了职务的内容；有些企业则没有，而是由领导口头传达。此时，最好能逐项记录工作项目，以便自身能清楚把握。

职位说明书是一份提供有关任务、职责信息的文件（工作的内容是什么）。也就是对有关工作职责、工作活动、工作条件以及工作对人身安全危害程度等工作特性方面的信息所进行的书面描述。

职位说明书的另外一部分是关于工作责任和工作任务的详细罗列。工作说明书中还应当界定工作承担者的权限范围，包括决策的权限、对其他人实施监督的权限及经费预算的权限等。以下为某企业的会计职位说明书。

【范本】

某企业的会计职位说明书

会计职位说明书（一）

职位名称	会计	职位代码		所属部门	财务部
职系		职等职级		直属上级	财务经理
薪金标准		填写日期		核准人	

续表

职位概要
按照公司规定及财务制度的要求编制会计凭证，登记账簿，进行会计核算，编制会计报表，做到手续合法，数字准确，账目清楚，结账及时；负责管理公司账务、财务档案及办公设备，负责向政府有关部门提供会计资料

工作内容
（1）设置和登记总账及各明细账，并编制各类报表 （2）根据财务管理制度和会计制度，登记总账和明细账，账户应按币种分别设置。 （3）会同其他部门定期进行财产清查，及时清理往来账 （4）编制和保管会计凭证及报表 （5）负责控制财务收支不突破资金计划，费用支出不突破规定的范围 （6）会同有关部门拟定固定资产管理、材料管理、资金管理与核算实施办法。对于固定资产、商品、材料、低值易耗品等收发、转移、领退和保管，都要会同有关部门制定手续制度，明确责任 （7）负责成本核算和利润核算 （8）完成财务经理交办的其他工作

任职资格
教育背景：会计、财务、审计或相关专业本科以上学历 培训经历：受过管理学、经济法、产品知识等方面的培训 经验：3年以上企业财务工作经验，有丰富的财务处理工作经验，有中级会计师以上职称 技能技巧：精通国家财税法律规范、财务核算、财务管理、财务分析、财务预测等财务制度和业务；熟悉国家会计法规，了解税务法规和相关税收政策；熟悉银行业务和报税流程；良好的口头及书面表达能力；熟练应用财务软件和办公软件 态度：敬业、责任心强、严谨踏实、工作仔细认真；有良好的纪律性、团队合作以及开拓创新精神

会计岗位说明书（二）

编　号		岗位名称	
所属部门		直接上级	
职等职级		轮转岗位	

职位总体目标
（1）审核各类会计凭证，对凭证的完整、真实、规范负责 （2）及时登记归类账簿、编制会计报表，主要勾稽关系正确，妥善保管会计档案 （3）积极参与部门内部管理，完善内部控制，防范风险。在规范的前提下控制成本、费用支出

续表

工作职责描述			
序号	岗位职责	实施细则	质量要求
1	负责审核各类凭证，对据以记账的凭证准确性、及时性负责；有权对输入凭证进行规范	（1）审核出纳编制的记账凭证（每日） （2）审核所附原始凭证及其业务基础的真实性、合规性（每日）	（1）记账凭证规范、完整、整齐；使用的会计科目正确 （2）所附原始凭证充分、真实、规范，金额准确
2	对分管的账簿的正确性负责；有权检查有关明细账的数据来源。对编制会计报表，协调各环节与会计报表的核对负责	（1）及时登记各类会计账簿，复核账簿、报表等数据的勾稽关系（每日） （2）按时编制会计报表，经领导复核后及时对外报送（每月10日前） （3）及时编制内部管理用报表（合理时间内） （4）积极配合各类审计，提供所需资料（每年/不定期）	（1）记账、对账、调账等账务处理程序规范、及时 （2）编制的会计报表内容完整、数字准确；无错报、漏报 （3）严格执行会计制度的规定，会计报表和凭证按要求归档
3	负责会计核算的内部控制，参与业务运营的风险管理	（1）经常与出纳对账，保证现金、银行存款账实相符（不定期） （2）逐笔复核出纳收付款的准确性，妥善保管印鉴（每日） （3）定期与行政、人事、业务等部门对账，进行资产清查（每半年） （4）逐笔复核内勤开具的发票（每日） （5）对凭证、账簿、报表等及时装订、归档（每月/每年）	（1）每月至少一次与出纳核对现金及银行存款 （2）复核、逐笔核对银行对账单，审核存款余额调节表 （3）定期的资产清查要全面，编制清查报告，提出处理意见 （4）积极参与风险控制，对不合理的现象要及时制止、纠正并报告
4	负责税务、社保等的核算、申报及其他相关工作。有权核查基础数据	准确核算各类税费，及时申报、汇算清缴（每月/每年） 对人力资源部计算的社会保障支出进行审核（每月/每年） 协调与税务相关的外部沟通工作（不定期）	掌握税收政策，办理涉税事项及时、准确、合法合规
5	承办领导交办的其他工作		及时、准确

续表

任职要求
专业知识：会计师中级职称应掌握专业知识内容
匹配能力：熟练操作计算机，掌握办公软件和财务软件
相关知识：经济、税务、管理等方面的知识

1.2 了解岗位的工作要求

单位和领导对这个岗位的工作期待是什么，如所期待的工作态度、工作要求、工作标准、价值观、行为方式等，你要了解和掌握它们，越快越好。这样，才能使自己的行为与单位的期待自觉地吻合和保持一致，从而加快领导、同事对自己认可、认同的心理过程，使他们感受到你已经成为他们中间的一员。

1.3 了解岗位前任离职的原因

你还可以了解你的工作岗位的前任发生了什么情况。如果这个人已经提升，就弄清楚是什么原因使他提升，从这里就可以知道，新单位对担任这项工作的人期望的是什么；如果此人被解雇，就可以知道哪些事不该做。

1.4 了解企业是如何评价岗位工作的

你还应该了解企业将怎样评价你的工作。通常，对某个工作岗位进行评价的标准有两种，即正式的和非正式的。正式标准一般是可衡量的，它的形式如产量或生产率、销售量等。在这方面做得好的人提升得快，薪水增长得多。用正式标准来衡量一个人的业绩，一般是通过考评来进行的。如果你希望被提升，就需要集中力量达到和超过有关的正式标准。非正式标准则较难描述，它全由领导来决定。典型的例子包括衣服穿着方式，对工作是否感兴趣，与工作团队是否打成一片等。迎接这些挑战的最好办法，是观察自己所在部门其他成功的成员，看他们是怎样工作的。

通常成熟的企业都有绩效考核方案，作为新入职的员工一定要了解本岗位的绩效标准，以便努力去达成这一标准。以下提供某公司的会计人员绩效考核表供参考。

【范本】

某公司的会计人员绩效考核

一、工作业绩考核

<table>
<tr><th colspan="2">考核指标</th><th colspan="4">考核办法</th><th colspan="3">考核评分</th></tr>
<tr><th>指标名称</th><th>指标描述</th><th>扣减法</th><th>考核岗位</th><th>考核岗位</th><th>考核岗位</th><th>标准评分（1~3分）</th><th>上级评</th><th>专业上级评</th><th>小组评</th></tr>
<tr><td rowspan="6">会计核算</td><td>账务处理</td><td>根据经济业务性质正确使用会计科目</td><td>每错误使用会计科目包括二级科目1个，扣0.5分</td><td>主办会计</td><td>会计</td><td>出纳</td><td></td><td></td><td></td></tr>
<tr><td>账账相符</td><td>总账与明细账及相关明细账之间账账必须相符</td><td>发现一处不符扣0.5分</td><td>主办会计</td><td>会计</td><td>出纳</td><td></td><td></td><td></td></tr>
<tr><td>账证核对</td><td>会计科目数据与原始凭证的数据必须相符</td><td>每个会计科目数据与原始凭证的数据不符，1个扣1分</td><td>主办会计</td><td>会计</td><td>出纳</td><td></td><td></td><td></td></tr>
<tr><td>账实相符</td><td>指存货、资金、应收应付、资产要账实相符</td><td>发现一处不符或没有反馈记录跟踪的扣0.5分</td><td>主办会计</td><td>会计</td><td>出纳</td><td></td><td></td><td></td></tr>
<tr><td>账表相符</td><td>财务报告与记账凭证的数据必须相符</td><td>若不相符，每处扣0.5分</td><td>主办会计</td><td>会计</td><td>出纳</td><td></td><td></td><td></td></tr>
<tr><td>账务手续</td><td>原始单据的财务审核审批手续必须齐全</td><td>发现一张单据财务审核审批手续不齐全或私自调整账务的扣0.5分</td><td>主办会计</td><td>会计</td><td>出纳</td><td></td><td></td><td></td></tr>
</table>

续表

考核指标			考核办法				考核评分		
指标名称	指标描述	扣减法	考核岗位	考核岗位	考核岗位	标准评分（1~3分）	上级评	专业上级评	小组评
财务报告	报表报送	在规定的日期内向报表使用者报送	每月报表报送不及时的扣0.5分	主办会计	会计	出纳			
	表表核对	各表之间、表内之间的勾稽数据必须相吻合	每月报表有勾稽关系的数据不相吻合的，每发现一处，扣0.5分	主办会计	会计	出纳			
	分析透彻	能够对数据形成因素或数据变化的因果关系全面分析透彻	每月报表数据的形成因素或变化因果关系分析不全面、不透彻，扣0.5分	主办会计		出纳			
资金管理	资金预算和调拨	积极配合资金调拨和统筹管理	资金库存超标没有及时上交的，扣0.5分	主办会计		出纳			
	印章规范	印章分离管理和正确使用	印章没有分离管理或没有按流程使用的，每次扣0.5分	主办会计		出纳			
	报表编制	收集或整理银行对账单（存折复印件），并与月初编制银行存款（现金）余额调节表上报主办会计审核确认	未能在规定的期间内编制或编制不准确的，扣0.5分；未编制取消得分	主办会计		出纳			
	资金盘点	每月至少三次不定期盘点资金，确保账实无误	盘点没有达三次或每月没有银行对账单或没有调节表的，每次扣0.5分	主办会计		出纳			

第1章　认识自己的岗位

011

续表

考核指标		考核办法					考核评分		
指标名称	指标描述	扣减法	考核岗位	考核岗位	考核岗位	标准评分（1~3分）	上级评	专业上级评	小组评
存货管理 存货盘点	按照规定定期或不定期盘点仓库存货	没有物资盘点记录，扣1分	会计						
存货确认	会计与仓库每月进行进出存货确认	每月一个项进出没有确认的扣0.5分	会计						
费用控制 费用审核	把好财务审核关，确保财务手续齐全	财务手续不齐全或不反馈，每一笔扣0.5分	主办会计						
成本管理 报表报送	在规定的日期内向报表使用者报送	每月报表报送不及时，扣0.5分	主办会计	会计					
分析透彻	能够对影响成本变化因素进行全面透彻的分析	每月对影响成本因素分析不全面、不透彻，扣0.5分	主办会计	会计					
存货盘点	每月跟踪门店耗品使用情况	没有门店院库盘点记录，扣1分	主办会计	会计					
核算规范	成本核算规范完整，数据准确	未能真实核算成本的每一项扣0.5分	主办会计	会计					
资产管理 资产建账	资产要建辅助明细账，确保账账相符、账实相符	没有建资产辅助账或不完整的，每次扣0.5分	主办会计						
跟踪管理	每月与行政部对账确认和跟踪盘点	每月没有与行政部对账确认，每次扣0.5分	主办会计						

续表

考核指标		考核办法				考核评分		
指标名称	指标描述	扣减法	考核岗位	考核岗位	考核岗位	标准评分（1～3分）	上级评	专业上级评	小组评
应收账款管理	往来确认	在规定的期限内通过有关人员知会、跟踪往来单位对账，同时要确保往来验收回单规范、齐全	每月有一项没有按照规定跟踪或反馈与其他单位、部门进行往来确认的，或有跟踪或反馈，但往来余额与实际相关金额不符的，扣0.5分	主办会计					
	问题分析	对存在的应收账款问题能够有效地做出分析和预测报告	每存在一个客户的应收账款有问题但没有分析、预测报告的，扣0.5分	主办会计					
收入管理	收入确认	遵循收入确认原则	收入账务没有遵循配比原则和权责发生制原则入账的，扣1分	主办会计	会计				
日常管理	档案管理	会计账簿、报表、凭证、票据、验收回单、移交资料、财税证件等会计资料必须归档规范齐全	每月会计资料不规范或不齐全，扣1分	主办会计	会计	出纳			
	文件传达	执行财务总部转发的文件，并及时传达、执行	日常工作中不按财务总部的要求随意执行文件或收到文件不及时转达执行的，每次扣1分	主办会计	会计	出纳			

续表

考核指标		考核办法				考核评分		
指标名称	指标描述	扣减法	考核岗位	考核岗位	考核岗位	标准评分（1~3分）	上级评	专业上级评	小组评
日常管理	票据凭证管理	收款收据、入库单、出库单、发货单等票据印刷、发放、收回管理	票据没有同时登记发放管理，每次扣0.5分；未能确保票据供应，每次扣1分	主办会计	会计	出纳			
	制度推动	向相关领导和部门推动及执行	各项规章制度发布前后没有向相关领导或部门推动、反馈、沟通的，扣0.5分	主办会计	会计	出纳			
	执行力度	对制度执行情况进行管理、跟踪	错误执行制度或没有执行制度，一次（一项）扣1分	主办会计	会计	出纳			
合计			80分	80分	80分				

注：1.当地财务负责人考核，按以上考核指标制定各项指标标准分，个别指标（包括细指标）可以放弃，总分80分。

2.区域财务经理、总部职能经理，按以上考核指标制定各项指标标准分，个别指标（包括细指标）可以放弃，总分80分。但考核办法应当有所区别，如区域财务经理分管地区，那么考核办法应当是，假设5个地区的主办会计的"账务处理"指标标准是3分，而考核得分总分是13.25分，平均分为13.25/5＝2.65；区域财务经理该项考核得分为2.65分。

3.其他财务人员考核，按以上考核指标结合职位说明书选择指标制定标准分，总分80分。

4.考核人员包括上级、互评人员和小组。

二、工作态度与技能考核

指标名称	指标描述	考核评分			
		标准分	上级评	互评	小组评
敬业精神	能够时刻抓住工作主题,并在第一时间保质保量地完成工作任务				
	能够妥善处理和按时完成上级领导交办或外来的工作任务				
	工作努力,逆境中仍能坚持工作,并能够影响他人努力工作				
	乐于奉献,能够关注成本费用管理信息,并能够及时建言献策				
	保守企业机密,自觉遵守和学习企业各项规章制度,并能够影响周边员工				
团队意识	能够维护团队利益和声誉,为团队树立良好的形象				
	能够支持、推动团队活动和工作,积极与团队共享信息资源				
	能够为营造相互信任、相互支持和共同成长的团队环境而努力				
沟通协调	能够主动互动地与上级领导保持沟通和交流,保持不影响工作				
	能够与其他职能部门保持必要的定期接触和正常的工作往来				
	能够确定和建立有关的外部业务往来伙伴关系,从而建立起广泛的业务合作与配合的基础				
	能够与团队成员友好相处,经常交流工作经验和心得				
	在跨部门会议及其他部门间交流活动中,能以企业利益为重,清晰表达所代表部门人员的心声,抱着解决问题的态度,积极参与讨论,争取获得一个双赢或多赢的讨论结果				

第1章 认识自己的岗位

续表

指标名称	指标描述	考核评分			
		标准分	上级评	互评	小组评
专业技能	能够将自己学到的知识运用到工作中来，高效地做好工作				
	工作和学习能够理论联系实际，不断提升自己的综合素质和能力				
考勤	不迟到、不早退，全月满勤				
合计		20分			

注：1.总分20分。
2.考核人员对被考核人员每项考核指标进行评估，最认同的给予标准分总分，最不认同的给予0.5分，每级分差0.1分。
3.考核人员包括上级、互评人员和小组。

第 2 章
了解自己的企业

2.1 了解企业的基本资料

作为会计新手,进入一个企业,必须对自己所要服务的企业的基本资料有一个比较确切的了解,这对你处理同事关系、回答客户问询、做好会计工作会有很大的帮助。

(1)本企业的发展简史、主要大事记。

(2)本企业的经营特色。

(3)本企业各项设施的状况、产品的特色等。

(4)企业内各部门的主要功能、工作职责、经理的姓名、办公室的位置和电话号码。

(5)本企业的服务宗旨、服务风格。

(6)本企业的LOGO(商标)、BI(行为识别)形象规范。

(7)企业周围的车站名称及位置,经过哪些公交车,企业距离火车站、码头、机场的距离及交通方法。

(8)企业周围的标志性建筑等。

2.2 了解企业的财务部组织架构

组织架构是企业的全体成员为实现组织目标,在管理工作中进行分工协作,在职务范围、责任、权力方面所形成的结构体系。透过组织架构,你可以了解以下内容。

(1)个人自身的工作权责及与同事工作的相互关系,权责划分。

(2)公司中上下级之间的关系,应遵从何人的指挥,须向谁报告。

(3)员工升迁渠道,建立自己的事业目标。

作为会计新手,要对财务部的组织架构有充分的了解,不同规模的企业,其财务部职位设置也不同。

2.2.1 小型企业的财务部组织架构

小型企业的财务部组织架构，如图2-1所示。

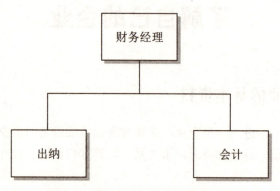

图2-1　小型企业的财务部组织架构

2.2.2 中等规模企业的财务部组织架构

中等规模企业的财务部组织架构，如图2-2所示。

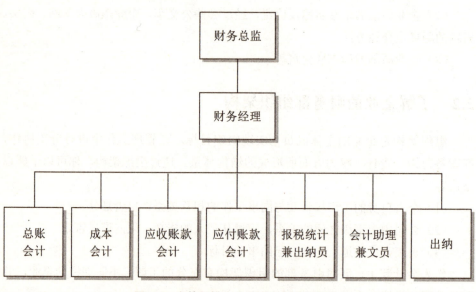

图2-2　中等规模企业的财务部组织架构

2.2.3 规模较大企业的财务部组织架构

规模较大企业的财务部组织架构,如图2-3所示。

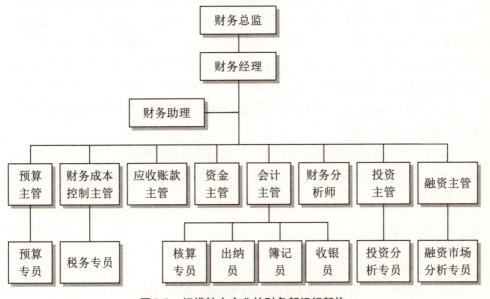

图2-3 规模较大企业的财务部组织架构

2.2.4 一般总公司财务部架构

如果公司有分公司或分支机构,总公司财务部架构,如图2-4所示。

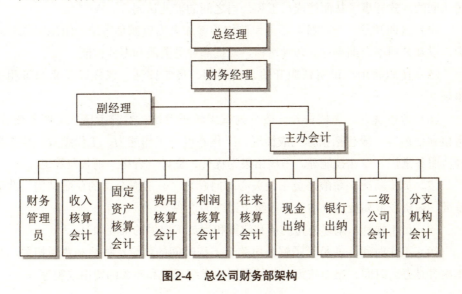

图2-4 总公司财务部架构

2.3 了解企业的规章制度

要融入一个企业，必须对该企业的文化有所了解，要按照企业的行为规范、工作方式来工作，而不是按照自己的想法来行事。另外，企业里部门多、人员多、工作繁忙，会计必须树立自觉遵守纪律的思想观念，认真遵守、贯彻执行企业的各项规章制度和工作守则，服从企业对工作的安排和调动。这是统一协调做好工作的前提和保证，是使整个企业工作避免因某个环节出差错而全局混乱的保证。

而对于新入职的会计人员而言，了解企业的文化最简便的方法是阅读企业的员工手册和一些规章制度。

"员工手册"是企业规章制度、企业文化与企业战略的浓缩，是企业内的"法律法规"，是员工了解企业形象、认同企业文化的渠道，也是自己工作规范、行为规范的指南。

2.3.1 员工手册

员工手册通常由以下几部分组成。

（1）手册前言。对这份员工手册的目的和效力给予说明。

（2）企业简介。使每一位员工都对公司的过去、现状和文化有深入的了解。可以介绍企业的历史、宗旨、客户名单等。

（3）手册总则。手册总则一般包括礼仪守则、公共财产、办公室安全、人事档案管理、员工关系、客户关系、供应商关系等条款。这有助于保证员工按照公司认同的方式行事，从而达成员工和公司之间的彼此认同。

（4）培训开发。一般新员工上岗前均须参加人力资源部等统一组织的入职培训，以及公司不定期举行的各种培训，以提高业务素质和专业技能。

（5）任职聘用。说明任职开始、试用期、员工评估、调任以及离职等相关事项。

（6）考核晋升。考核晋升一般分为试用转正考核、晋升考核、定期考核等。考核评估内容一般包括指标完成情况、工作态度、工作能力、工作绩效、合作精神、服务意识、专业技能等。考核结果为优秀、良好、合格、延长及辞退。

（7）员工薪酬。薪酬是员工最关心的问题之一。应对公司的薪酬结构、薪酬基准、薪资发放和业绩评估方法等给予详细的说明。

（8）员工福利。阐述公司的福利政策和为员工提供的福利项目。

（9）工作时间。使员工了解公司关于工作时间的规定，往往和费用相关。基本内容是办公时间、出差政策、各种假期的详细规定和相关的费用政策等。

（10）行政管理。行政管理多为约束性条款。比如，对办公用品和设备的管理、个人对自己工作区域的管理、奖惩、员工智力成果的版权声明等。

（11）安全守则。安全守则一般分为安全规则、火情处理、意外紧急事故处理等。

（12）手册附件。与以上各条款相关的或需要员工了解的其他文件，如财务制度、社会保险制度等。

2.3.2 其他制度

其他制度包括员工行为规范、考勤制度、请假方式、奖惩制度、体检制度、仪容仪表制度、奖惩制度等。

另外，会计人员也应掌握内部会计控制制度，其基本内容如下。

（1）内部会计控制体系。

（2）会计人员岗位责任制度。

（3）账务处理程序制度。

（4）内部牵制制度。

（5）稽核制度。

（6）原始记录管理制度。

（7）定额管理制度。

（8）计量验收制度。

（9）财产保护制度。

（10）预算控制制度。

（11）财务收支审批制度。

（12）成本核算制度。

（13）财务会计分析制度。

第 3 章
了解岗位工作流程

在任何一个单位，部门与部门之间、岗位与岗位之间都会发生各种各样的工作关系，并需要进行协作和配合，所以，就要把这种工作行为固定下来，成为一种规范，这种规范就是工作程序。大多数单位的日常工作行为和正常工作秩序都用相关文件规范下来，并要求员工贯彻执行。如一般单位的请假程序都会规定什么情况下可以请假、向谁请假、如何请假、哪个岗位可以批几天假等，每个员工都应按照这个程序请假。

工作程序组成工作流程，小流程又组成大流程。对这些工作程序和工作流程，必须要加以了解。否则，就不能严格地按单位的管理模式运作，也不能确保工作与生产的高效。

作为会计新手，进入一家企业开展工作，一定要留意各项工作的流程，尤其是会计业务比较复杂、设置很多会计岗位的公司。

3.1 小型企业每月会计业务流程

3.1.1 小型企业会计做账流程

小型企业会计做账流程为凭证→汇总→明细账→总账→各种报表等。

（1）大致环节。

① 根据原始凭证或原始凭证汇总表填制记账凭证。

② 根据收付记账凭证登记现金日记账和银行存款日记账。

③ 根据记账凭证登记明细分类账。

④ 根据记账凭证汇总编制科目汇总表。

⑤ 根据科目汇总表登记总账。

⑥ 期末，根据总账和明细分类账编制资产负债表和利润表。

如果企业的规模小，业务量不多，可以不设置明细分类账，直接将逐笔业务登记总账。实际会计实务要求会计人员每发生一笔业务就要登记在明细分类账中。而总账中的数额是直接将科目汇总表的数额抄过去。企业可以根据业务量每隔五天、十天、十五天，或是一个月编制一次科目汇总表。如果业务量相当大，也可以一天一编。

（2）具体内容。

① 每个月所要做的第一件事就是根据原始凭证登记记账凭证（做记账凭证时一定要有财务经理等有签字权的人签字后再做），然后月末或定期编制科目汇总表登记总账（之所以月末登记，就是因为要通过科目汇总表试算平衡，保证记录计算不出错），每发生一笔业务就根据记账凭证登记明细账。

② 月末还要注意提取折旧、待摊费用的摊销等，若是新的企业开办费在第一个月全部转入费用，计提折旧的分录是借管理费用或是制造费用贷累计折旧，这个折旧额是根据固定资产原值、净值和使用年限计算出来的。

③ 月末编制完科目汇总表之后，编制两个分录。第一个分录，将损益类科目的总发生额转入本年利润，借主营业务收入（投资收益、其他业务收入等）贷本年利润。第二个分录，借本年利润贷主营业务成本（主营业务税金及附加、其他业务成本等）。转入后如果差额在借方，则为亏损，不需要交所得税；如果在贷方，则说明盈利，需交所得税。计算方法，所得税＝贷方差额×所得税税率，然后做记账凭证，借所得税贷应交税金——应交所得税，借本年利润贷所得税。所得税虽然和利润有关，但并不是亏损一定不交纳所得税，主要是看调整后的应纳税所得额是否是正数，如果是正数就要计算所得税，同时还要注意所得税的核算方法，采用应付税款法时，所得税科目和应交税金科目金额是相等的，采用纳税影响法时，存在时间性差异时所得税科目和应交税金科目金额是不相等的。

④ 最后根据总账的资产（货币资金、固定资产、应收账款、应收票据、短期投资等）、负债（应付票据、应附账款等）、所有者权益（实收资料、资本公积、未分配利润、盈余公积）科目的余额（是指总账科目上的最后一天上面所登记的数额）编制资产负债表，根据总账或科目汇总表的损益类科目（如管理费用、主营业务成本、投资收益、主营业务附加等）的发生额（是指本月的发生额）编制利润表。

关于主营业务收入及应交税金，应该根据每一个月在国税所抄税的数额来确定。通过税控机可以打印一份表格，上面会有具体的数字。

⑤ 其余的就是装订凭证，写报表附注，分析情况表之类。

温馨提示

（1）以上除编制记账凭证和登记明细账之外，均在月末进行。

（2）月末结现金、银行账，一定要账证相符、账实相符。每月月初根据银行对账单调银行账余额调节表，注意分析未达款项。月初报税时注意时间，不要逾期报税。另外，当月开出的发票当月入账。每月分析往来的账龄和金额，包括应收、应付、其他应收。

（3）报表问题。企业会计报表包括四个，除了资产负债表和利润表之外，还有利润分配表和现金流量表。而利润分配表只需要在年末编制，因为只有在年末企业才会对所盈利的利润进行分配。而现金流量表只是根据税务部门的要求进行编制，不同地区、不同省份的要求不同，在四月年检时税务部门会提出要求。管理、财务、营业、制造等费用月末没有余额，采用"表结法"，损益科目月末可留余额；制造费用如果有余额，是属于在产品的待分配费用，在负债表上视同存货。你要看利润表上的数据，只要账上有数据你就结转利润，这样不容易错，利润表的本年利润要和资产表相吻合。

3.1.2 小型企业抄报税流程

抄税是指开票单位将防伪税控系统中开具的增值税发票的信息读入企业开发票使用的IC卡中，然后将IC卡带到国税局去，读到其计算机系统中，以便和取得发票的企业认证进项税金，记入国税局计算机系统的信息进行全国范围的发票比对，防止企业开具"阴阳票""大头小尾票"，并控制企业的销售收入。

抄报税操作是报税、抄税、认证，这是会计人员在增值税防伪税控系统中每个月必须做的工作，是"金税工程"所属的开票、认证两个系统的工作，按照具体的操作顺序进行。

（1）用户抄报税流程。

① 抄税起始日正常抄税处理。进入系统→报税处理→抄报税管理→抄税处理→系统弹出"确认对话框"→插入IC卡，确认→正常抄写IC卡成功。

② 重复抄上月旧税。进入系统→报税处理→抄报税管理→抄税处理→系统弹

出"确认对话框"→插入IC卡,确认→抄上月旧税成功。

③ 金税卡状态查询。进入系统→报税处理→金税卡管理→金税卡状态查询→系统弹出详细的信息。

(2) 报税。到税务局纳税服务大厅将抄税后的IC卡和打印的各种销项报表交给受理报税的税务工作人员,他们会根据报税系统的要求进行报税,也就是读取IC卡上的开票信息,与各种销项报表相核对,然后进行报税处理。

(3) 认证。认证时携带当月要准备抵扣的增值税发票抵扣联,到国税局发票认证窗口办理即可。增值税专用发票开出90天内认证有效,当月认证的必须在当月抵扣。

3.2 大型企业会计业务流程

3.2.1 大型企业会计业务之间合作关系

大型企业会计业务之间合作关系如图3-1所示。

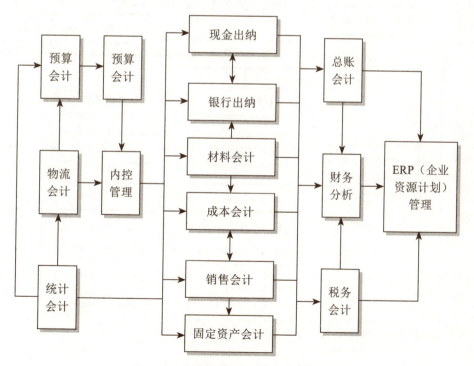

图3-1 大型企业会计业务之间合作关系

3.2.2 材料会计岗位工作流程

材料会计岗位工作流程如图3-2所示。

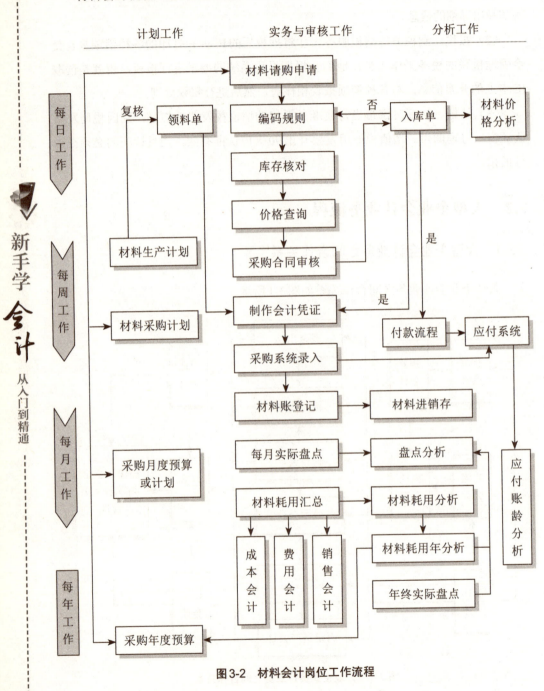

图3-2 材料会计岗位工作流程

3.2.3 成本会计岗位工作流程

成本会计岗位工作流程如图3-3所示。

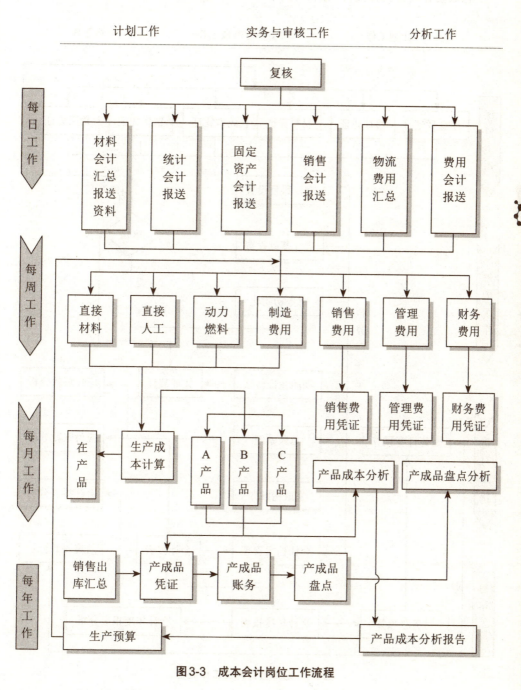

图3-3 成本会计岗位工作流程

3.2.4 总账会计岗位工作流程

总账会计岗位工作流程如图3-4所示。

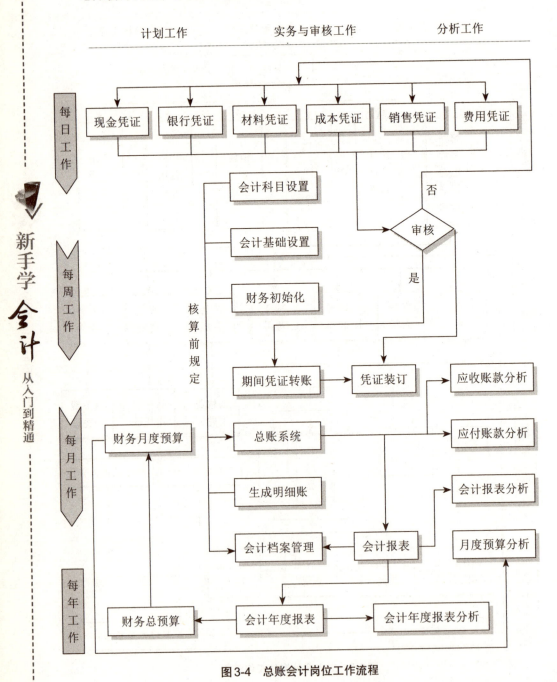

图3-4 总账会计岗位工作流程

3.2.5 固定资产会计岗位工作流程

固定资产会计岗位工作流程如图3-5所示。

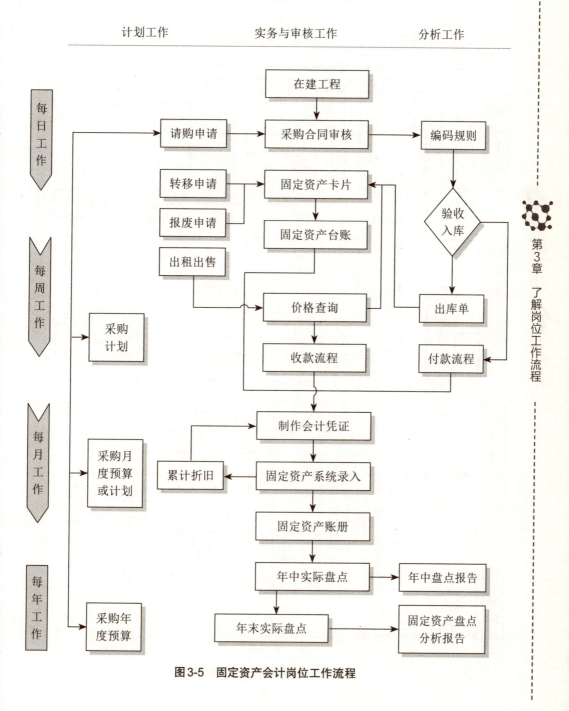

图3-5 固定资产会计岗位工作流程

3.2.6 销售会计岗位工作流程

销售会计岗位工作流程如图3-6所示。

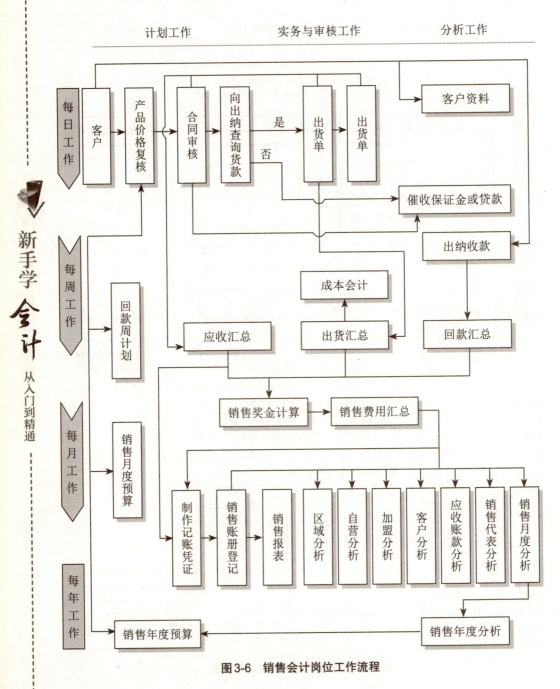

图3-6 销售会计岗位工作流程

3.2.7 费用会计岗位工作流程

费用会计岗位工作流程如图3-7所示。

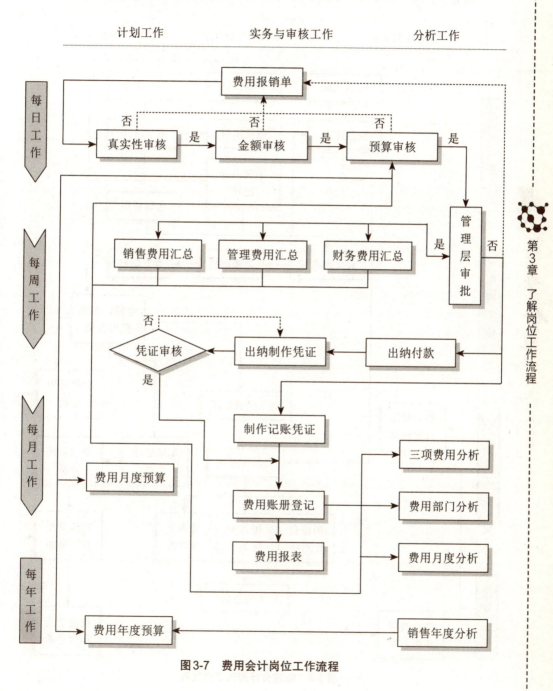

图3-7 费用会计岗位工作流程

3.2.8 物流会计岗位工作流程

物流会计岗位工作流程如图3-8所示。

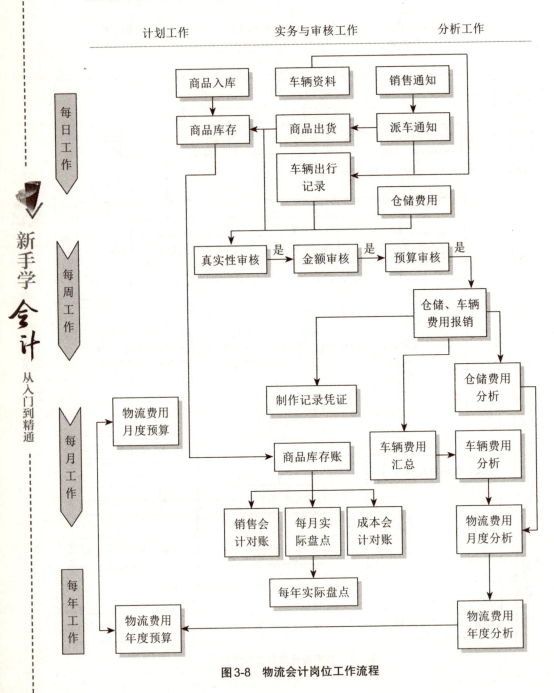

图3-8 物流会计岗位工作流程

3.2.9 统计会计岗位工作流程

统计会计岗位工作流程如图3-9所示。

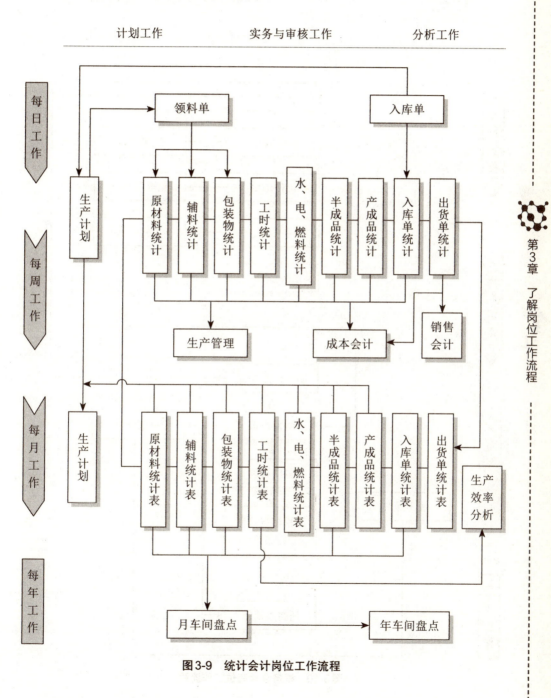

图3-9 统计会计岗位工作流程

3.2.10 税务会计岗位工作流程

税务会计岗位工作流程如图3-10所示。

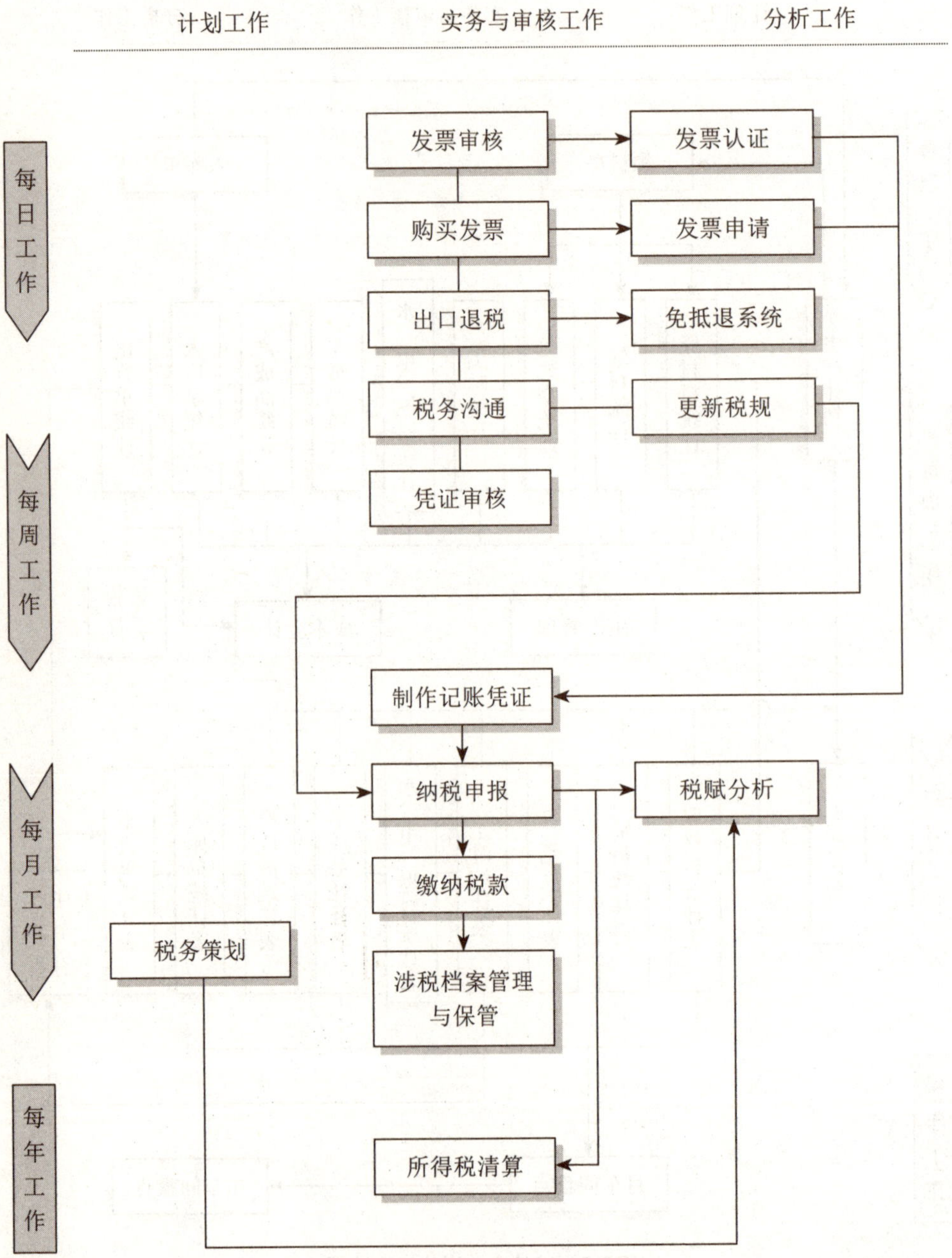

计划工作	实务与审核工作	分析工作

每日工作

发票审核 → 发票认证

购买发票 → 发票申请

出口退税 → 免抵退系统

税务沟通 → 更新税规

凭证审核

每周工作

每月工作

制作记账凭证

纳税申报 → 税赋分析

缴纳税款

涉税档案管理与保管

税务策划

每年工作

所得税清算

图3-10 税务会计岗位工作流程

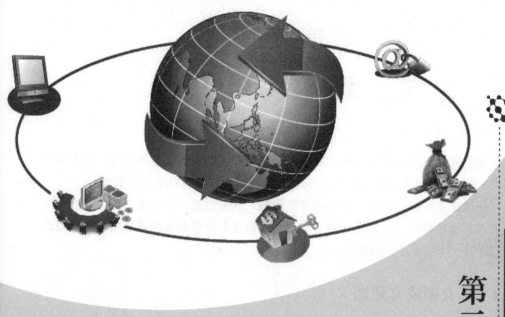

第二部分 会计业务入门期

新手学会计 从入门到精通

导言

大部分工作都有一个熟能生巧的过程,我们经常练习,多做准备,相应地就会越来越熟练,岗位的适应能力也就会越来越强,会计业务的开展也是如此。会计新手们可以按照本部分所介绍的业务内容,一步一个脚印、踏踏实实地做好每件事。当各项业务操作过几次后,就一定能够达到熟能生巧的地步,也为将来职位的提升打好坚实的基础。

第 4 章
建立会计账户

建账就是根据企业具体行业要求和将来可能发生的会计业务情况，购置所需要的账簿，然后根据企业日常发生的业务情况和会计处理程序登记账簿。

任何企业在成立初始，都面临建账问题。这看似是一个非常简单的问题，但建账过程可以看出一个人会计业务的能力，以及对企业业务的熟悉情况，所以我们要了解一下企业应如何建账。

4.1 企业刚成立建账

4.1.1 选择适用的法规

会计人员应根据本企业的规模等，选择适用的《企业会计准则》或《企业会计制度》或《小企业会计制度》。

4.1.2 确认建哪些账

无论何类企业，会计人员在建账时都要首先考虑以下问题。

（1）与企业相适应。企业规模与业务量是成正比的，规模大的企业，业务量大，分工也复杂，会计账簿需要的册数也多。企业规模小，业务量也小，有的企业，一个会计可以处理所有经济业务，设置账簿时就没有必要设许多账，所有的明细账可以合成一两本即可。

（2）依据企业管理需要。建立账簿是为了满足企业管理需要，为管理提供有用的会计信息，所以在建账时以满足管理需要为前提，避免重复设账、记账。

（3）依据账务处理程序。企业业务量大小不同，所采用的账务处理程序也不同。企业一旦选择了账务处理程序，也就选择了账簿的设置，如果企业采用的是记账凭证账务处理程序，企业的总账就要根据记账凭证序时登记，就要准备一本序时登记的总账。

不同的企业在建账时所需要购置的账簿是不相同的，总体讲要依企业规模、经济业务的繁简程度、会计人员多少、采用的核算形式及电子化程度来确定。但无论何种企业，都存在货币资金核算问题，现金和银行存款日记账都必须设置。另外还需设置相关的总账和明细账。

4.1.3 购买账簿

当一个企业刚成立时，一定要去购买这几种账簿和相关账页（表4-1），需说明的是明细账有许多账页格式，在选择时要选择好所需要的格式的账页，如借贷余三栏式、多栏式、数量金额式等，然后根据明细账的多少选择所需要的封面和装订明细账所用的钉或线。

表4-1 购买账簿的要求

序号	账簿名称	说明	备注
1	现金日记账	一般企业只设1本现金日记账。但如有外币，则应就不同的币种分设现金日记账	现金日记账和银行存款日记账均应使用订本账。根据企业业务量大小可以选择购买100页的或200页的
2	银行存款日记账	一般应根据每个银行账号单独设立1本账。如果企业只有1个基本账户，则设1本银行存款日记账	
3	总分类账	一般企业只设1本总分类账，总分类账包含企业所设置的全部账户的总括信息	使用订本账，根据企业业务量大小可以选择购买100页的或200页的
4	明细分类账	明细分类账要使用活页的，所以不能直接买到现成的。存货类的明细账要用数量金额式的账页；收入、费用、成本类的明细账要用多栏式的账页；应交增值税的明细账单有账页；其他的基本全用三栏式账页。因此，可分别购买这4种账页，根据所需每种格式账页大概页数分别取部分出来，外加明细账封皮及经管人员一览表，再以带子系上即可	数量的多少根据企业业务量等情况而不同。业务简单且很少的企业可以把所有的明细账户设在1本明细账上；业务多的企业可根据需要分别就资产、权益、损益类分3本明细账；也可单独就存货、往来各设1本。无固定情况，完全视企业管理需要来设
5	备查账	是一种辅助账簿，是对某些在日记账和分类账中未能记载的会计事项进行补充登记	其格式可由企业根据内部管理的需要自行确定。备查账的外表形式一般采用活页式

> **温馨提示**
>
> 建账初始，必须要购置的还有记账凭证，如果企业现金收付业务较多，在选择时就可以购买收款凭证、付款凭证、转账凭证；如果企业收付业务量较少，可购买记账凭证（通用也可以）、记账凭证封面、记账凭证汇总表、记账凭证装订线、装订工具。为报表方便还应购买空白资产负债表、利润表（损益表）、现金流量表等相关会计报表。

4.1.4 选科目

会计人员可以参照会计准则应用指南中的会计科目，结合自己单位所属行业及企业管理需要，依次从资产类、负债类、所有者权益类、成本类、损益类中选择出应设置的会计科目。

（1）总账科目。原则上讲，只要是企业涉及的会计科目就要有相应的总账账簿（账页）与之对应。会计人员应估计每一种业务的业务量大小，将每一种业务用口取纸分开，并在口取纸上写明每一种业务的会计科目名称，以便在登记时能够及时找到应登记的账页，在将总账分页使用时，假如总账账页从第一页到第十页登记现金业务，在目录中写清楚"现金……1～10"，并且在总账账页的第一页贴上口取纸，口取纸上写清楚"现金"；第十一页到第二十页为银行存款业务，在目录中写清楚"银行存款……11～12"并且在总账账页的第十一页贴上写有"银行存款"的口取纸，依此类推，总账就建好了。

为了登记总账方便，在总账账页分页使用时，最好按资产、负债、所有者权益、收入、费用的顺序来分页，在口取纸选择上也可将资产、负债、所有者权益、收入、费用按不同颜色区分开，以便于登记。

企业通常要设置的总账业务往往会有现金、银行存款、其他货币资金、短期投资、应收票据、应收账款、其他应收款、存货、待摊费用、长期投资、固定资产、累计折旧、无形资产、开办费、长期待摊费用、短期借款、应付票据、应付账款、其他应付款、应付工资、应付福利费、应交税金、其他应交款、应付利润、预提费用、长期借款、应付债券、长期应付款、实收资本（股本）、资本公积、盈余公积、未分配利润、本年利润、产品销售收入、产品销售成本、产品销售税金及附加、产品销售费用、其他业务收入、其他业务支出、营业外收入、营业外支出、以前年度损益调整、所得税等。

因工业企业会计核算使用的会计账户较多，所以总账账簿的需要量可能会多一些，购买时需多购置几本，但也要根据业务量多少和账户设置的多少购置。因工业企业的存货内容所占比重较大，另外还要配合成本计算设置有关成本总账。有关存货账户有原材料、在途材料、材料采购、委托加工材料、低值易耗品、包装物、自制半成品、产成品等。企业要根据账户设置相应的总账。

成本计算账户包括待摊费用、预提费用、辅助生产成本、废品损失、基本生产成本，企业也要根据成本计算账户设置相应的总账。

另外工业企业需设置的总账还有产品销售收入、产品销售成本、产品销售费用、产品销售税金及附加。

（2）明细分类账的科目。明细分类账的设置是根据企业自身管理需要和外界各部门对企业信息资料需要来设置的。

需设置的明细账有短期投资（根据投资种类和对象设置）、应收账款（根据客户名称设置）、其他应收款（根据应收部门、个人、项目来设置）、待摊费用（根据费用种类设置）、长期投资（根据投资对象或根据面值、溢价、折价、相关费用设置）、固定资产（根据固定资产的类型设置，另外对于固定资产明细账账页，每年可不必更换新的账页）、短期借款（根据短期借款的种类或对象设置）、应付账款（根据应付账款对象设置）、其他应付款（根据应付的内容设置）、应付工资（根据应付部门设置）、应付福利费（根据福利费的构成内容设置）、应交税金（根据税金的种类设置）、产品销售费用、管理费用、财务费用（均按照费用的构成设置）。企业可根据自身的需要增减明细账的设置。

4.1.5 填制账簿内容

（1）封面。封面主要用来标明会计账簿的名称，如总分类账、库存现金日记账、银行存款日记账、应收账款明细账等。

（2）扉页。扉页，或使用登记表，明细账中称经管人员一览表。填写内容如下。

①"单位名称"栏：填写本企业的全称。

②"账簿名称"栏：填写"现金日记账"。

③"册次及起讫页数"栏：填写开始使用的页码数。

④"启用日期"和"停用日期"栏：填写开始使用或停止使用的时间。

⑤"经管人员盖章"栏：盖相关人员个人名章。另外记账人员更换时，应在交接记录中填写交接人员姓名、经管及交出时间和监交人员职务、姓名。

⑥"会计主管人员盖章"栏：由本单位财会部门负责人签字或盖印。

⑦"接管日期"栏：会计开始接账的时间。

⑧"交出日期"栏：会计因故离职，要进行工作交接，按交账的时间填写。

⑨"单位公章"栏：必须加盖企业的行政公章，公章的名称与"单位名称"栏的名称应完全一致，不得使用财务专用章或者其他公章代替。

⑩ 粘贴印花税票并画双横线，除实收资本、资本公积按万分之五贴花外，其他账簿均按5元每本贴花。

另外，如果明细账分若干本的话，还需在经管人员一览表中填列账簿名称。

账簿启用表见图4-1。

图4-1　账簿启用表

（3）总分类账的账户目录。

① 总分类账。总分类账外形采用订本式，印刷时已事先在每页的左上角或右上角印好页码。但由于所有账户均须在一本总账上体现，故应给每个账户预先留好页码。如"库存现金"用第1、第2页，"银行存款"用第3～6页，根据单位具体情况设置，并要把科目名称及其页次填在账户目录中。

② 明细分类账。明细分类账由于采用活页式账页，在年底归档前可以增减账页，因此，不用非常严格地预留账页。

③ 现金或银行存款日记账。现金或银行存款日记账各自登记在一本上，因此，不存在预留账页的情况。

（4）账页。新建企业的账页不存在期初余额，现金和银行存款日记账不用对账页特别设置。

① 总账账页。按资产、负债、所有者权益、成本、收入、费用的顺序把所需会计科目名称写在左上角或右上角的横线上，或直接加盖科目章。

② 明细账账页。按资产、负债、所有者权益、成本、收入、费用的顺序把所需会计科目名称写在左（右）上角或中间的横线上，或直接加盖科目章，包括根据企业具体情况分别设置的明细科目名称。另外对于成本、收入、费用类明细账

还需以多栏式分项目列示，如"管理费用"借方要分成办公费、交通费、电话费、水电费、工资等项列示，具体的按企业管理需要，即费用的分析项目列示，每个企业可以不相同。

> **温馨提示**
>
> 为了查找、登记方便，在设置明细账账页时，每一账户的第一张账页外侧粘贴口取纸，并且各个账户错开粘贴。当然口取纸上也要写出会计科目名称，一般只写一级科目。另外，也可将资产、负债、所有者权益、收入、费用按红、蓝不同颜色区分开。

4.2 企业成立第二年或以后年度（年初建账）

4.2.1 应该重新建账的

总账、日记账和多数明细账应每年更换一次，即新的年度开始时都需要重新建账。

4.2.2 可以不重新建账的

有些明细账也可以继续使用，如财产物资明细账和债权、债务明细账等，由于材料等财产物资的品种、规格繁多，债权债务单位也较多，如果更换新账，重抄一遍的工作量相当大，因此，可以跨年度使用，不必每年更换一次；固定资产卡片等卡片式账簿及各种备查账簿，也都可以跨年度连续使用。

4.2.3 重新建账的具体做法

（1）购买账簿。根据所需购买总账、两本日记账，设置明细账。
（2）填制账簿内容。
① 封皮。
② 扉页，或使用登记表，明细账中称经管人员一览表。
③ 总分类账的账户目录。
④ 账页。
以上与企业刚成立时一致，只是多一步登记期初余额。
（3）过账。不必填制记账凭证，为了衔接，直接将上年该账户的余额，抄入新账户所开第一页的首行，也就是直接"过账"。

① 现金日记账和银行存款日记账。

a."日期"栏内，写上"1月1日"或空着。

b."摘要"栏内写上"上年结转"或"期初余额"或"年初余额"字样。

c.将现金实有数或上年末银行存款账面数填在"余额"栏内。

② 非损益类总账和明细账。只是比日记账多一项余额方向的列示，即在余额列前要表明"借"或"贷"字。

第 5 章 会计凭证处理

会计凭证是记录经济业务、明确经济责任、按一定格式编制的据以登记会计账簿的书面证明,包括原始凭证和记账凭证。

5.1 编制原始凭证

5.1.1 原始凭证的内容

原始凭证按来源分为外来原始凭证和自制原始凭证;原始凭证按填制手续分为一次凭证、累计凭证和汇总凭证,如图5-1所示。

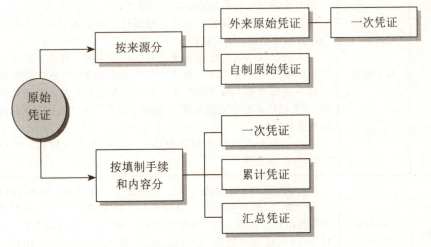

图5-1 原始凭证的分类

原始凭证的基本内容如下。

(1)原始凭证名称。

(2)填制原始凭证的日期。

(3)凭证编号。

(4)接受原始凭证的企业名称。

(5)经济业务内容(含数量、单价、金额等)。

(6) 填制企业签章。
(7) 有关人员签章。

5.1.2 原始凭证的填写

原始凭证是进行会计登账的重要依据，必须做到及时、准确、清晰、完整，具体的填写要点如表5-1所示。

表5-1 原始凭证的填写要点

序号	填写事项	要点提示
1	凭证内容	（1）凭证上记载的经济业务必须真实可靠，与实际情况完全相符 （2）内容逐项填写完整，不能遗漏
2	文字书写	凭证上的文字，用正楷字或行书书写，字迹要工整、清晰，易于辨认，不使用未经国务院颁布的简化字
3	数字填写	（1）阿拉伯数字应逐个写清楚，不得潦草和连笔写 （2）金额前要写明人民币符号，即"￥" （3）汉字大写金额数字应用正楷或行书的字体书写，不能用草书，要易于辨认，不可涂改 （4）每笔汉字大写金额如无"分"位数字的，要在元或角之后写上"整"或"正"字；如有"分"位数字的，"分"位数字之后则不用写"整"或"正"字。如可以表示为"人民币贰拾陆元整""人民币贰拾陆元捌角整"，但是不能表示为"人民币贰拾陆元捌角伍分整" （5）大写金额数字之前没有印上"人民币"字样的，应填上"人民币"三个字
4	出票日期的书写	月份为1月和2月前加"零"，即零壹月、零贰月；11月和12月前加"壹"，即壹拾壹月、壹拾贰月；10月前加"零"和"壹"，即零壹拾月。日期中1～9前加"零"，如5日，应写成"零伍日"；11～19日前加"壹"，如11日，应写成"壹拾壹日"；10日、20日和30日前加"零"，即零壹拾日、零贰拾日、零叁拾日。如2011年2月10日应该写成"贰零壹壹年零贰月零壹拾日"
5	凭证编号	（1）各种凭证都必须连续编号 （2）如果已经印好编号，在写坏作废时要加盖"作废"戳记，连同存根一起保存，不得随意撕毁
6	错误修改	凭证填写发生错误，应按规定的方法更正，不得任意涂改或刮擦、挖补

> **温馨提示**
>
> 原始凭证必须及时填制，并按规定的程序及时送交财务部门审核，并据以填制记账凭证。

5.2 原始凭证的审核

为了保证原始凭证的真实准确，便于进行会计登账和核算，会计要对各种原始凭证进行严格审核。

5.2.1 审核的内容

（1）真实性审核。审核原始凭证，首先是审核其真实性，看它是否真实。如果不是真实的，就谈不上合法性、合理性和完整性审核了。所谓真实，就是说原始凭证上反映的应当是经济业务的本来面目，不得掩盖、歪曲和颠倒真实情况。具体的审核要求如表5-2所示。

表5-2 原始凭证真实性审核要求

序号	审核事项	审核要求
1	业务双方当事人	原始凭证的开出方、接受方、填制责任人必须据实填写，不得冒他人之名，也不得填写假名
2	基本信息	（1）经济业务的时间必须填写准确，不能提前或推后 （2）业务的发生地点必须准确、真实 （3）凭证的填制日期必须真实，不能任意改变
3	业务内容	注明具体的业务名称，以及该业务的具体内容，如日期、地点、各种报销费用、交通工具等

（2）合法性审核。合法性审核是审核原始凭证所记载的经济业务是否符合有关财经纪律、法规、制度等的规定，有无违法乱纪行为，若有，应予揭露和制止。根据《会计法》的规定，对不真实、不合法的原始凭证，有权不予接受，并向企业负责人报告。

（3）合理性审核。合理性审核是审核经济业务的发生是否符合本企业事先制订的计划、预算等的要求，有无不讲经济效益、脱离目标的现象，是否符合费用开支标准，有无铺张浪费的行为。

（4）完整性审核。完整性审核是指审核原始凭证是否将有关内容填写齐全，各项目是否按要求填写。

① 原始凭证的各构成要素是否齐全。

② 各要素内容填制得是否正确、完整、清晰,特别是对凭证中所记录的数量、金额的正确性要进行认真审核,检查金额计算有无差错,大小写金额是否一致等。

③ 各经办部门和人员签章是否齐全。根据《会计法》规定,对记载不准确、不完整的原始凭证予以退回,并要求按照国家统一的会计制度的规定更正、补充。

5.2.2 审核结果的处理

经审核的原始凭证应根据不同情况处理。

(1) 对于完全符合要求的原始凭证,应及时据以编制记账凭证入账。

(2) 对于真实、合法、合理但内容不够完整、填写有错误的原始凭证,应退回给有关经办人员,由其负责将有关凭证补充完整、更正错误或重开后,再办理正式会计手续。

(3) 对于不真实、不合法的原始凭证,会计机构、会计人员有权不予接受,并向单位负责人报告。

5.3 编制记账凭证

记账凭证的分类如图5-2所示。

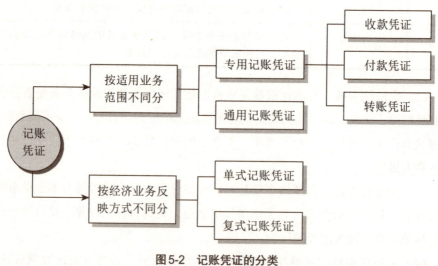

图5-2 记账凭证的分类

5.3.1 记账凭证的内容

各种记账凭证虽然格式有所不同,但一般都具备以下内容。
(1)填制单位的名称。
(2)记账凭证的名称。
(3)记账凭证的编号。
(4)编制凭证的日期。
(5)经济业务的内容摘要。
(6)会计科目(包括一级、二级和三级明细科目)的名称、金额。
(7)所附原始凭证的张数。
(8)填证、审核、记账、会计主管等有关人员的签章,收款凭证和付款凭证还应由出纳人员签名或盖章。

5.3.2 记账凭证的填制

会计必须根据审核无误的原始凭证填制记账凭证。填制记账凭证要严格按照规定的格式和内容进行,除必须做到记录真实、内容完整、填制及时、书写清楚之外,还必须符合表5-3所示的要求。

表5-3 记账凭证的填制要求

序号	栏目	要求
1	记账凭证的日期	(1)一般记账凭证的日期为填制当日的日期 (2)报销凭证的日期应填写报销当日的日期 (3)现金收付款凭证日期应填写现金收付当日的日期 (4)银收凭证的日期应填写收到银行进账单或银行回执的戳记日期 (5)银付凭证的日期应填写财会人员开出银付凭证或承付的日期 (6)财务人员自制的计提或分配费用等转账业务的凭证应填写当月最后一天的日期
2	编号	记账凭证应连续编号。一笔经济业务需要填制两张以上记账凭证的,可以采用分数编号法编号。例如,一笔经济业务需编制四张转账凭证,该转账凭证的顺序号为第8号,则这笔业务可编制转字第 $8\frac{1}{4}$ 号、$8\frac{2}{4}$ 号、$8\frac{3}{4}$ 号和 $8\frac{4}{4}$ 号四张凭证
3	摘要	对经济业务内容的简要说明,要求文字说明应简练、概括,以满足登记账簿的要求
4	科目	应当根据经济业务的内容,按照会计制度的规定,确定应借应贷的科目。科目使用必须正确,不得任意改变、简化会计科目的名称,有关的二级或明细科目要填写齐全

 **实例**

公司行政部张三出差回来,报销差旅费为2 000元,会计以现金支付。据此,可制作付款凭证。具体的填写方法如下。

(1)"摘要"栏:填写"支付行政部张三报销差旅费"。

(2)"借方科目"栏:由于报销差旅费属于管理费用,因此填写"管理费用——差旅费"。

(3)"贷方科目"栏:使用的是现金支付,应填写"现金"。

(4)"金额"栏:填写"2 000.00元"。

(5)"编号"栏:填写"现付字第×号"。

(6)"时间"栏:填写具体的日期。

以下是按要求填写后的付款凭证。

××公司付款凭证

贷方科目:现金　　　　　　××××年×月×日　　　　　　现付字第×号

摘要	借方科目	金额		附件
		一级科目	二级科目	
支付行政部张三报销差旅费	管理费用——差旅费	2 000.00	2 000.00	张
合计		2 000.00	2 000.00	

会计主管:×××　记账:×××　出纳:×××　复核:×××　制单:×××

(1)记账凭证可以根据每一张原始凭证填制,或者根据若干张同类原始凭证汇总填制,也可以根据原始凭证汇总表填制。但不得将不同内容和类别的原始凭证汇总填制在一张记账凭证上,如不能将购货发票和销货发票汇总到一起。

(2)除结账和更正错误的记账凭证可以不附原始凭证外,其他记账凭证必须附有原始凭证。一张原始凭证如涉及几张记账凭证的,可以把原始凭证附在一张主要的记账凭证后面,并在其他记账凭证上注明附有该原始凭证的记账凭证的编号或者附上该原始凭证的复印件。

一张原始凭证所列的支出需要由几个单位共同负担时,应当由保存该原始凭证的单位开具原始凭证分割单(表5-4和表5-5)给其他应负担的单位。

(3)记账凭证应按行次逐项填写,不得跳行,如果在最后一笔数字与合计数之间有空行,应在金额栏画斜线或闪电符号注销。

表5-4 原始凭证分割单（一）

需分割凭证名称：　　　　　　分割日期：　　　　　　　　　　单位：元

填制凭证单位名称					接受分割单单位名称				
序号	分割类别	经济业务内容	分割前总额	单位	分割量	单价	分割金额	备注
1								
2								
3								
4	分割金额合计大写							

填制人：　　　　　　　　经办人：　　　　　　　　　　　接受人：

注：本分割单一式两份，填制单位一份，接受单位一份。

表5-5 原始凭证分割单（二）

　　　　　　　　　　　　　　　　　　　　　　　　　年　　月　　日

接受单位名称			地址									
原始凭证	单位名称		地址									
	凭证名称		日期		编号							
总金额		人民币（大写）			千	百	十	万	千	百	十	元	角	分
分割金额		人民币（大写）			千	百	十	万	千	百	十	元	角	分
原始凭证主要内容、分割原因												
备注		该原始凭证附在本单位　　年　　月　　日第　　号记账凭证内										

单位名称（公章）：　　　　　　　会计：　　　　　　　　制单：

5.3.3 不同记账凭证的填制方法

（1）收款凭证的填制方法。收款凭证根据有关现金、银行存款收款业务的原始凭证填制。收款凭证左上角的"借方科目"按收款的性质填写"库存现金"或"银行存款"。收款凭证的填制方法如图5-3所示。

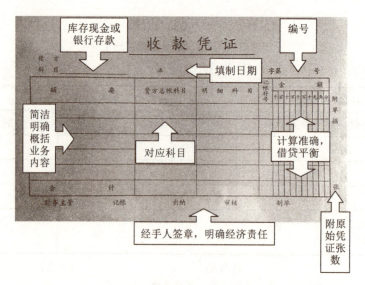

图5-3 收款凭证的填制方法

 实例

2020年2月10日，接银行收款通知，收到投资单位投入资金200 000元，存入银行存款户（假定为本月第一笔银收业务，只有一张原始凭证）。

发生上述业务后，会计根据审核无误的原始凭证填制银行存款收款凭证，其内容与格式如下。

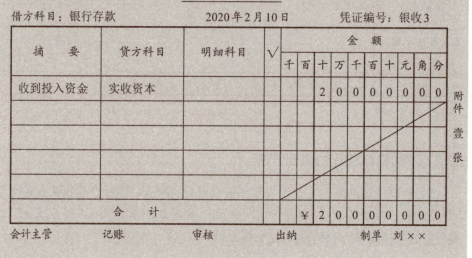

（2）付款凭证的填制方法。付款凭证根据有关现金、银行存款付款业务的原始凭证填制。付款凭证的编制方法与收款凭证基本相同，只是左上角由"借方科目"换为"贷方科目"，凭证中间的"贷方科目"换为"借方科目"。

2020年2月8日，购入材料一批，买价28 960.00元，用银行存款支付购料款（假定为本月第二笔银付业务，共有5张原始凭证）。

发生上述业务后，会计根据审核无误的原始凭证填制银行存款付款凭证，其内容与格式如下。

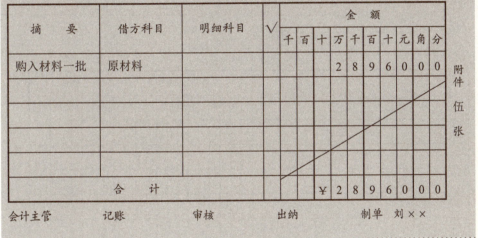

注意事项：对于现金和银行存款之间的存取（相互划转）业务，为避免重复记账，应统一按减少方填制付款凭证，而不填制收款凭证。

① 如从银行提取现金8 000元备用。

 借：库存现金   8 000   收款

  贷：银行存款   8 000   付款

这一业务应填制银付凭证，而不必填制现收凭证。

② 如将现金20 000元存入银行。

 借：银行存款   20 000   收款

  贷：库存现金   20 000   付款

这一业务应填制现付凭证，而不必填制银收凭证。

(3)转账凭证的填制方法。转账凭证记录与货币资金收付无关的经济业务。根据不涉及现金、银行存款收付的有关转账业务的原始凭证填制。转账凭证将经济业务事项中所涉及全部会计科目,按照先借后贷的顺序记入"会计科目"栏中的"一级科目"和"二级及明细科目",并按应借、应贷方向分别记入"借方金额"或"贷方金额"栏。其他项目的填列与收付款凭证相同。

 实例▶▶▶

2020年2月16日,销售部经理罗三报销差旅费986元(假定为本月第十一笔非现金、银行存款业务,共有三张原始凭证)。

发生上述业务后,会计根据审核无误的原始凭证填制转账凭证,其内容与格式如下。

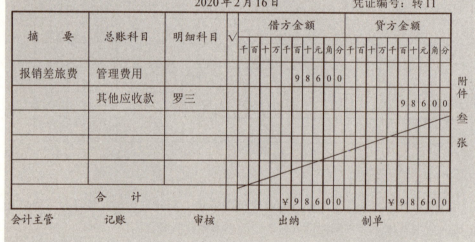

5.3.4 记账凭证发生错误时的处理

(1)填制时(未入账)。应当重新填制。

(2)已登记入账的记账凭证错误更正。

① 在当年内发现填写错误时,如图5-4所示。

② 发现以前年度记账凭证有错误的,应当用蓝笔填制一张更正的记账凭证。

处理一 金额以外有错

先用红笔填写一张与原内容相同的记账凭证，在摘要栏注明"注销某月某日某号凭证"字样，同时再用蓝笔重新填制一张正确的记账凭证，注明"订正某月某日某号凭证"字样

处理二 会计科目没有错误，只是金额错误

可将正确数字与错误数字之间的差额，另编一张调整的记账凭证：调增金额用蓝色字体、调减金额用红色字体

图5-4　在当年内发现填写错误时两种的处理

5.4　记账凭证的审核

为了保证账簿记录的准确性，记账前必须对已编制的记账凭证由专人进行认真、严格的审核。审核的内容主要是以下几个方面。

（1）按原始凭证审核的要求，对所附的原始凭证进行复核。

（2）记账凭证所附的原始凭证是否齐全，是否同所附原始凭证的内容相符，金额是否一致等。对一些需要单独保管的原始凭证和文件，应在凭证上加注说明。

（3）凭证中会计科目使用是否准确，应借、应贷的金额是否一致，账户的对应关系是否清晰，核算的内容是否符合会计制度的规定等。

（4）记账凭证所需要填写的项目是否齐全，有关人员是否都已经签章等。

> **温馨提示**
>
> 在审核中如发现记账凭证有记录不全或错误时，应重新填制或按规定办理更正手续。只有经过审核无误的记账凭证，才能据以登记账簿。

5.5　记账凭证附件的处理

记账凭证的附件就是所附的各类原始凭证。因此，各种原始凭证必须附在相应的记账凭证后面，并标明所附的具体张数。

5.5.1　附件的整理

由于各种附件种类多且外形大小不一，因此，为了便于装订保管有必要对其

进行整理。

（1）在保证原始凭证内容准确、完整的前提下，可以裁剪掉附件的多余部分。

（2）过宽过长的附件，应进行纵向和横向的折叠。折叠后的附件外形尺寸，不应长于或宽于记账凭证。

（3）过窄过短的附件，应进行必要的粘贴加工。可以将其贴于特制的原始凭证粘贴纸上，然后装订粘贴纸。

 相关链接

原始凭证的粘贴

原始凭证粘贴纸的外形尺寸要与记账凭证完全一致，纸上可先印一个合适的方框，各种不能直接装订的原始凭证，如车票、报销发票等，都应分类整齐地粘贴在方框内，不得超出。

粘贴时应横向进行，从右至左，并应粘在原始凭证的左边，逐张左移，后一张右边压住前一张的左边，每张附件只粘左边的0.6～1厘米长，粘牢即可。

粘好以后要检查是否都已经粘牢，可以用手捏住记账凭证的左上角抖动。

最后要在粘贴单的空白处分别写出每一类原始凭证的张数、单价与总金额。

5.5.2 附件的处理

对各种附件应当区别不同情况进行处理。

（1）各种原始凭证必须分类整理后，才能附在记账凭证后。绝不能将不同内容和类别的原始凭证汇总填制在一张记账凭证上。

（2）除结账的记账凭证和更正错误的记账凭证可以不附原始凭证外，其他都必须附有原始凭证。

 温馨提示

如果一张原始凭证涉及几张记账凭证，可以把原始凭证附在一张主要的记账凭证后面，并在其他记账凭证上注明附有该原始凭证的记账凭证的编号或者附原始凭证复印件。

5.6 会计凭证的传递

会计凭证的传递是指从会计凭证取得或填制时起到归档保管时止,在单位有关部门和人员之间的传递。会计凭证的传递路线如图5-5所示。

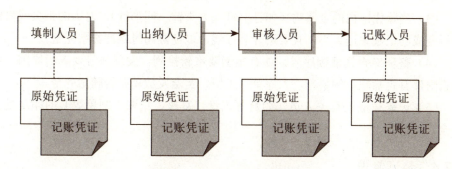

图5-5 会计凭证的传递路线

5.7 会计凭证装订

会计凭证装订是每一个会计人员必备的一项会计技能。会计凭证记账后,应及时装订。装订的范围包括原始凭证、记账凭证、科目汇总表、银行对账单等。科目汇总表的工作底稿也可以装订在内,作为科目汇总表的附件。使用计算机的企业,还应将转账凭证清单等装订在内。

5.7.1 工具、原料

会计凭证的装订工具与原料主要有锥子、专门用于装订凭证的针(回形针、大头针)、线、胶水、对角纸(会计装订专用的)。

5.7.2 会计资料装订的时机

(1)会计凭证的装订。一般每月装订一次,装订好的凭证按年分月妥善保管归档(会计档案的装订主要包括会计凭证、会计账簿、会计报表及其他文字资料的装订)。

(2)会计账簿的装订。各种会计账簿年度结账后,除跨年使用的账簿外,其他账簿应按时整理立卷。

(3)会计报表的装订。会计报表编制完成及时报送后,留存的报表按月装订成册,谨防丢失。小企业可按季装订成册。

5.7.3 装订前准备工作

（1）分类整理，按顺序排列，检查日数、编号是否齐全。

（2）按凭证汇总日期归集（如按上、中、下旬汇总归集），确定装订成册的数量（本）。

（3）摘除凭证内的金属物（如订书钉、大头针、回形针），对大的张页或附件要折叠成同记账凭证大小，且要避开装订线，以便翻阅时保持数字完整。

（4）整理检查凭证顺序号，如有颠倒要重新排列，发现缺号要查明原因。再检查附件有否漏缺，领料单、入库单、工资、奖金发放单是否随附齐全。

（5）记账凭证上有关人员（如财务主管、复核、记账、制单等）的印章是否齐全。

5.7.4 装订要求

在进行凭证的装订时，要注意以下事项。

（1）在封面（图5-6）上，应写明单位名称、年度、月份、起讫号数等，并在封签处加盖会计主管的骑缝图章。

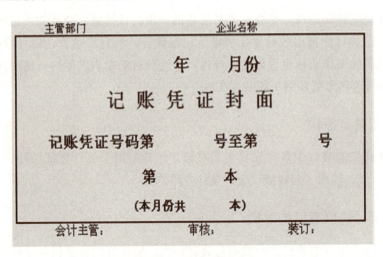

图5-6 记账凭证的封面

（2）如果采用单式记账凭证，在整理装订凭证时，必须保持会计分录的完整。为此，应按凭证号码顺序还原装订成册，不得按科目归类装订。

（3）事先设计好装订册数，具体可根据凭证多少来定，原则上以月份为单位装订，每月订成一册或若干册。有些单位业务量小，凭证不多，把若干个月份的凭证合并订成一册即可，只要在凭证封面注明本册所含的凭证月份即可。

温馨提示

要确定好凭证册的厚度,通常一本凭证的厚度以1.5～2厘米为宜,太厚了不便于翻阅核查,太薄了又不利于戳立放置。

5.7.5 装订方法

会计凭证的装订方法如表5-6所示。

表5-6 会计凭证的装订方法

序号	步骤	操作示意图
1	先裁好封面纸	
2	将裁好的封面纸分别置于整理好的会计凭证上面和下面	
3	取一块正方形纸,放在封面角上	
4	然后用订书机装订好	
5	将方形纸在凭证角上折出一个5厘米左右的三角形	

续表

序号	步骤	操作示意图
6	然后将整体翻至背面	
7	将一边的纸翻折上来，用手按出折痕	
8	同样的方式将另一边的纸翻折上来，用手按出折痕	
9	将直尺置于折痕上，用美工刀划开	
10	另一个方向上也以同样的方式划开	
11	扯掉多余的一块纸	
12	在剩余的两块纸上依次涂上胶水	

续表

序号	步骤	操作示意图
13	翻折至上方后按压粘紧	
14	在封面上填写好信息	
15	最后装入会计档案即可	

5.8 会计凭证的保管

要妥善保管好会计凭证，在保管期间会计凭证不得外借，对超过所规定期限（一般是15年）的会计凭证，要严格依照有关程序销毁。需永久保留的有关会计凭证，不能销毁。会计凭证归档保管的主要要求如下。

（1）每月记账完毕，要将本月各种记账凭证加以整理，检查有无缺号和附件是否齐全，然后按顺序号排列，装订成册。

温馨提示

　　如果在一个月内，凭证数量过多，可分装若干册，在封面上加注共几册字样。

（2）装订成册的会计凭证，应集中保管，并指定专人负责。查阅时，要有一定的手续制度。

（3）每年装订成册的会计凭证，在年度终了时可暂由财务部保管1年，期满后要交行政部资料室统一归档保管。

（4）会计凭证应加贴封条，防止抽换凭证。原始凭证不得外借，其他单位如有特殊原因确实需要使用时，经本单位财务负责人批准，可以复制，但必须进行登记。

（5）原始凭证较多时，可以单独装订，但应在凭证封面注明所属记账凭证的日期、编号和种类，同时在所属的记账凭证上应注明"附件另订"及原始凭证的名称和编号，以便查阅。

温馨提示

对各种重要的原始单据，以及各种需要随时查阅和退回的单据，应另编目录，单独登记保管，并在有关的记账凭证和原始凭证上相互注明日期和编号。

（6）会计凭证的保管期限和销毁手续，必须严格执行会计制度的规定。

第 6 章 记 账

记账是会计的一项基本业务技能，会计必须根据企业的实际财务情况，在符合各种财会法规的前提下，真实、准确地登记各种账目。

6.1 借贷记账法

根据相关财会法规的规定，企业在记账时一定要采用借贷记账法，即以"借""贷"为记账符号，记录经济业务的复式记账法。

6.1.1 账户结构

借贷记账法把账户分为左右两方，左方称为"借方"，右方称为"贷方"，用以登记增加或减少的金额。至于哪一方登记增加数，哪一方登记减少数，则由账户的基本性质决定。但是，账户左右两方必须进行相反的登记，即一方登记增加数，另一方必须登记对应的减少数。

> **温馨提示**
>
> 在具体登记时，资产类和成本费用类账户的借方登记增加额，贷方登记减少额。而负债类、所有者权益类和收入类账户的借方登记减少额，贷方登记增加额。

在一定时期内，每个账户的借方和贷方所登记的金额合计数，叫"本期发生额"。本期发生额分为借方本期发生额和贷方本期发生额。在一定时期末结出的账户余额，称为"期末余额"，用来反映某一账户本期资金增减变动结果。期末余额分为借方余额和贷方余额两种。

各种账户的基本结构及余额计算如表 6-1 所示。

表6-1 各种账户的基本结构及余额计算

账户类别	借方	贷方	期末余额	期末余额计算
资产类	增加额	减少额	通常有余额,且在借方	期末余额=期初余额+本期借方发生额-本期贷方发生额
负债类	减少额	增加额	通常有余额,且在贷方	期末余额=期初余额+本期贷方发生额-本期借方发生额
所有者权益类	减少额	增加额	通常有余额,且在贷方	期末余额=期初余额+本期贷方发生额-本期借方发生额
成本费用类	增加额	减少额	如果有余额,且在借方	期末余额=期初余额+本期借方发生额-本期贷方发生额
收入类	减少额	增加额	收入额从借方转入"本年利润",因此没有余额	无余额,不用计算

温馨提示

期间费用成本账户与资产类账户结构相似,但是在期末应将费用额从贷方转入"本年利润",结转后没有余额。

6.1.2 记账依据

借贷记账法是以"资产=负债+所有者权益"这一会计恒等式作为记账的依据。该等式是记账、试算平衡、制作会计报表的基础。等式两边的要素同时增加或减少。在负债不变的前提下,资产与所有者权益同增同减。

必须注意的是,该等式并不是忽略了收入、费用和利润,因为三者也存在一个等式:利润=收入-费用。到了会计期末,利润要按照规定进行分配,所剩的部分归入所有者权益。因此,会计恒等式实质上概括了各个会计要素的总体关系。

6.1.3 记账要求

"有借必有贷,借贷必相等"是会计记账的基本要求。具体来说应做到以下几点。

(1)每一笔经济业务,都必须同时分别记录到两个或两个以上相互联系的账户中。

(2)每一笔经济业务必须做借贷相反的记录。

（3）记入借贷双方的金额必须相等，且在合计时也必须相等。

在实际登账时，可依图6-1所示程序进行。

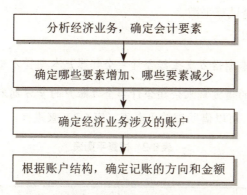

图6-1 记账的一般步骤

6.1.4 制作会计分录

会计分录是指对某项经济业务标明其应借应贷账户及其金额的记录。企业采用借贷记账法，在各种经济业务正式登账前，都要制作相应的会计分录。

企业采购一批原材料，价款20 000元，以银行存款支付。

这项经济业务使资产类账户"原材料"增加20 000元，同时使资产类账户"银行存款"减少20 000元，根据借贷记账法的要求，制作会计分录如下。

借：原材料　　　　　　　　　　　　　　　20 000
　　贷：银行存款　　　　　　　　　　　　　20 000

企业以现金交纳税金3 000元。此项业务使资产类账户"现金"减少3 000元，同时使负债类账户"应交税费"增加3 000元，因此，制作会计分录如下。

借：应交税费　　　　　　　　　　　　　　3 000
　　贷：现金　　　　　　　　　　　　　　　3 000

6.1.5 试算平衡

在借贷记账法下，由于遵循了"有借必有贷，借贷必相等"的规则，因此，在一定的会计期间,所有账户的借方、贷方发生额必须平衡,借方、贷方期末余额也必须平衡。根据对相关的账户进行汇总、计算,以检查账户的记录是否准确、完整,这个过程就是试算平衡。

试算平衡公式如下。

全部账户本期借方发生额合计＝全部账户本期贷方发生额合计

全部账户的借方期末余额合计＝全部账户的贷方期末余额合计

具体在操作时,可以借助试算平衡表(表6-2)来进行。

表6-2 试算平衡表

年　月　　　　　　　　　　　　　　　　　　　　单位:元

账户名称	期初余额		本期发生额		期末余额	
	借方	贷方	借方	贷方	借方	贷方
合计						

> **温馨提示**
>
> 如果试算不平衡,说明账户的记录肯定有错。如果试算平衡,也不能排除记录或计算的错误。因为有些错误如账户的错记、漏记、方向记反等,并不影响借贷双方的平衡。

6.2 登记分类法

由于各种日记账是由出纳登记负责,因此会计主要负责对其进行检查监督,并在月末根据日记账的合计数分别登记总账。

6.2.1 登记明细分类账

明细分类账是按照各个明细账户分类登记经济业务的账簿,通常采用三栏式、多栏式和数量金额式等格式。

（1）三栏式明细账。三栏式明细分类账在账页中只设借方、贷方和余额三栏，多用于只需要反映价值信息的经济业务，如应收账款、应付账款、短期借款等。在记账时，要根据审核后的记账凭证，按照经济业务发生的时间先后进行登记。

> **温馨提示**
>
> 固定资产、债权、债务等明细账必须逐日逐笔登记。其他明细账如库存商品、原材料等可以逐笔登记，也可定期汇总登记。

几种明细分类账示例见表6-3～表6-5。

表6-3 明细分类账（一）

总账科目：_____
明细科目：__固定资产__　　　　　　　　　　　　　　　　　　第　　页

2019年		凭证字、号	摘要	借方	贷方	借或贷	余额
月	日						
			期初余额			借	20 000
12	23	12	购买固定资产	50 000			
12	24	13	盘盈固定资产	30 000			
			本月合计	80 000		借	100 000

表6-4 明细分类账（二）

总账科目：_____
明细科目：__库存商品__　　　　　　　　　　　　　　　　　　第　　页

2019年		凭证字、号	摘要	借方	贷方	借或贷	余额
月	日						
			期初余额			借	30 000
12	24	31	购入商品	30 000			
12	25	32	盘亏库存商品		3 000		
12	31	33	结转已销商品成本		12 000		
			本月合计	30 000	15 000	借	45 000

表6-5　明细分类账（三）

总账科目：_____
明细科目：__管理费用__　　　　　　　　　　　　　　第　　页

2019年		凭证字、号	摘要	借方	贷方	借或贷	余额
月	日						
12	1		期初余额			平	0
12	24	31	报销差旅费	5 000			
12	25	32	支付维修费	100			
12	25	33	购入办公用品	500			
12	27	34	餐饮费	800			
12	29	35	计提折旧	1 000			
12	29	36	分配工资	80 000			
12	30	37	计提福利费	30 000			
12	31	38	将成本转入本年利润		117 400		
			本月合计	117 400	117 400	平	0

（2）多栏式明细账。多栏式明细分类账是将属于同一个总账科目的各个明细科目合并在一张账页上进行登记，即在借方或贷方金额栏内按照明细项目设若干专栏。通常适用于收入、成本、费用、利润等的核算。

> **温馨提示**
>
> 在实际工作中，成本费用类科目的明细账，可以只按借方发生额设置专栏，贷方发生额由于每月发生的笔数很少，可以在借方直接用红字冲销。

管理费用多栏式明细分类账见表6-6。

（3）数量金额式明细账。数量金额式明细账的账页，设有收入、发出和结存三栏，并在每一大栏下设有数量、单价和金额三个小栏目。主要适用于既要进行数量核算，又要进行金额核算的各种财产物资类账户，如"原材料""库存商品"等账户。

原材料的数量金额式明细账见表6-7。

表6-6 管理费用多栏式明细分类账

明细科目： 管理费用   第　页

2019年		凭证字、号	摘要	借方	贷方	余额		借方						
月	日					方向	金额	差旅费	修理费	办公费	工资福利	水电费	折旧费	其他
1	1		期初余额			平	0							
1	24	31	报销差旅费	1 000		借	1 000	1 000						
1	25	32	支付维修费	100		借	1 100		100					
1	25	33	购入办公用品	200		借	1 300			200				
1	27	34	分配工资	50 000		借	51 300				50 000			
1	29	35	计提福利费	20 000		借	71 300				20 000			
1	29	36	本月水电费	1 000		借	72 300					1 000		
1	30	37	计提折旧	5 000		借	77 300						5 000	
1	31	38	结转入本年利润		77 300	平	0							
			本月合计	77 300	77 300	平	0	1 000	100	200	70 000	1 000	5 000	

表6-7 原材料的数量金额式明细账

第　页

类别：　　　　　　　　名称：　　　　　　　　规格：
计量单位：　　　　　　存放地点：　　　　　　储备定额：

年		凭证字、号	摘要	收入			发出			结存		
月	日			数量	单价	金额	数量	单价	金额	数量	单价	金额

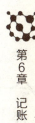

6.2.2 登记总分类账

总分类账简称总账,是根据一级会计科目设置,用于分类、连续登记全部经济业务的账簿。它所提供的资料全面,因此各企业必须按照相关规定设置总分类账。

总分类账可以根据记账凭证逐日逐笔登记,也可以定期或分期进行汇总登记。通常而言,总账采用三栏式的订本账,具体的登记要点如表6-8所示。

表6-8 总账的登记要点

序号	栏目	登记要点
1	日期栏	(1)如果逐日逐笔登记,就填写业务发生的具体日期 (2)如果汇总登记,则填写汇总凭证的日期
2	凭证字、号栏	填写登记总账所依据的凭证的字和号 (1)如果依据记账凭证登记,则填写记账凭证的字和号 (2)如果依据科目汇总表登记,则填写"科汇"字及其编号 (3)如果依据汇总的记账凭证登记,则填写"现(银)汇收"字及其编号、"现(银)汇付"字及其编号和"汇转"字及其编号 (4)如果依据多栏式日记账登记,可填写日记账的简称,如现收账、现支账
3	摘要栏	填写所依据的凭证的简要内容 (1)如果依据记账凭证登记,应与记账凭证中的摘要内容一致 (2)如果依据科目汇总表登记,应填写"某月科目汇总表"或"某月某日的科目汇总表"字样 (3)如果依据汇总记账凭证登记,应填写每一张汇总记账凭证的汇总依据,即依据第几号记账凭证至第几号记账凭证 (4)如果依据多栏式日记账登记,应填写日记账的详细名称
4	借方、贷方栏	分别填写所依据的凭证上记载的各总账账户的借方或贷方发生额
5	借或贷栏	(1)登记余额的方向,如余额在借方,则写"借"字;如余额在贷方,则写"贷"字 (2)如果期末余额为0,则写"平"字
6	余额	填写具体的余额,如果没有填0

以下以三栏式总账为例，提供几个账目登记的示例，见表6-9～表6-14。

表6-9　总分类账（一）

总账科目：__库存现金__　　　　　　　　　　　　　　　　　第　　页

2019年		凭证字、号	摘要	借方	贷方	借或贷	余额
月	日						
			期初余额			借	20 000
12	31	现汇收10	汇1-20号凭证	50 000	40 000	借	30 000

表6-10　总分类账（二）

总账科目：__应收账款__　　　　　　　　　　　　　　　　　第　　页

2019年		凭证字、号	摘要	借方	贷方	借或贷	余额
月	日						
			期初余额			借	200 000
12	31	现汇收30	汇1-40号凭证	10 000	40 000	借	170 000

表6-11　总分类账（三）

总账科目：__应收账款__　　　　　　　　　　　　　　　　　第　　页

2019年		凭证字、号	摘要	借方	贷方	借或贷	余额
月	日						
			期初余额			贷	200 000
12	31	现汇收20	汇1-40号凭证	100 000	50 000	贷	150 000

表6-12 总分类账(四)

总账科目: 主营业务收入　　　　　　　　　　　　　　　　第　页

2019年		凭证字、号	摘要	借方	贷方	借或贷	余额
月	日						
12	31	现汇收40	汇1-40号凭证	100 000	100 000	平	0

表6-13 总分类账(五)

总账科目: 主营业务收入　　　　　　　　　　　　　　　　第　页

2019年		凭证字、号	摘要	借方	贷方	借或贷	余额
月	日						
12	31	现汇收50	汇1-40号凭证	500 000	500 000	平	0

表6-14 总分类账(六)

总账科目: 利润分配　　　　　　　　　　　　　　　　　　第　页

2019年		凭证字、号	摘要	借方	贷方	借或贷	余额
月	日						
			期初余额			贷	200 000
12	31	现汇收70	汇1-40号凭证	100 000	50 000	贷	150 000

6.2.3 总账与明细账的平行登记

由于总账与明细账反映的是相同的经济业务内容，总账全面总括了明细账的记录，因此为了便于账户核对，总账与明细账必须平行登记。

所谓平行登记，是指经济业务发生后，一方面要登记有关的总分类账户；另一方面要登记该总分类账户所属的各有关明细分类账户。具体的登记要点如表6-15所示。

表6-15 平行登记要点

序号	登记要求	要点提示
1	依据相同	对发生的各项经济业务，必须根据审核无误的同一会计凭证记账
2	同时登记	（1）登记时必须要在同一会计期间进行 （2）既要在总分类账中进行登记，又要在该总账所属的明细分类账中进行明细登记
3	借贷方向相同	对于各项经济业务，总账与明细账的登记借贷方向必须一致
4	登记金额相等	记入总账中的金额，必须与各明细分类账中的金额合计数相等

实例

2019年1月，企业发生了以下经济业务，在登账前进行简单的处理，如下所示。

（1）1月12日，从E工厂购入A材料5吨，单价200元，共1 000元；从F工厂购入B材料4吨，单价500元，共2 000元。两种材料已经验收入库，货款尚未支付，会计制作简易的会计分录如下。

借：原材料——A材料　　　　　　　　　　　1 000
　　　　　——B材料　　　　　　　　　　　2 000
　　贷：应付账款——E工厂　　　　　　　　1 000
　　　　　　　　——F工厂　　　　　　　　2 000

（2）1月14日，以银行存款偿付之前欠E工厂的货款1 000元，F工厂货款2 000元，会计制作简易的会计分录如下。

借：应付账款——E工厂　　　　　　　　　　1 000
　　　　　　——F工厂　　　　　　　　　　2 000
　　贷：银行存款　　　　　　　　　　　　　3 000

（3）1月19日，制造车间领用A材料4吨，金额为800元；领用B材料4吨，金额为2 000元，会计制作简易的会计分录如下。

借：生产成本　　　　　　　　　　　　　　　　2 800
　　贷：原材料——A材料　　　　　　　　　　　　800
　　　　　　——B材料　　　　　　　　　　　　2 000

经查，企业的各种账户余额如下。

（1）原材料总账账户为借方余额6 000元。A材料的明细账户，结存10吨，单位成本为200元，余额为2 000元。B材料的明细账户，结存8吨，单位成本为500元，余额为4 000元。

（2）应付账款总账账户为贷方余额8 000元。E工厂的明细账户，贷方余额为3 000元，F工厂的明细账户，贷方余额为5 000元。

根据账户平行登记的要求，将上述经济业务在原材料、应付账款的总账账户及其所属的明细账户中进行登记。

总分类账（一）

总账科目：原材料　　　　　　　　　　　　　　　　　　　　第　　页

2019年		凭证字、号	摘要	借方	贷方	借或贷	余额
月	日						
			期初余额			借	6 000
1	12	转字第10号	购买原材料，货款未付	3 000		借	9 000
1	19	记字第11号	领用原材料		2 800	借	6 200
1	31		本月合计	3 000	2 800	借	6 200

总分类账（二）

总账科目：应付账款　　　　　　　　　　　　　　　　　　　第　　页

2019年		凭证字、号	摘要	借方	贷方	借或贷	余额
月	日						
			期初余额			贷	8 000
1	12	转字第10号	购买原材料，欠货款		3 000	贷	11 000
1	14	转字第11号	偿还所欠货款	3 000		贷	8 000
1	31		本月合计	3 000	3 000	贷	8 000

原材料明细账(一)

名称:A材料
第　页
计量单位:吨

2019年		凭证字、号	摘要	收入			发出			结存		
月	日			数量	单价	金额	数量	单价	金额	数量	单价	金额
			期初余额							10	200	2 000
1	12	记字第10号	购买原材料	5	200	1 000				15	200	3 000
1	19	记字第11号	生产领料				4	200	800	11	200	2 200
1	31		本月合计	5	200	1 000	4	200	800	11	200	2 200

原材料明细账(二)

名称:B材料
第　页
计量单位:吨

2019年		凭证字、号	摘要	收入			发出			结存		
月	日			数量	单价	金额	数量	单价	金额	数量	单价	金额
			期初余额							8	500	4 000
1	12	记字第20号	购买原材料	4	500	2 000				12	500	6 000
1	19	记字第21号	生产领料				4	500	2 000	8	500	4 000
1	31		本月合计	4	500	2 000	4	500	2 000	8	500	4 000

应付账款明细账(一)

账户名称:E工厂
第　页

2019年		凭证字、号	摘要	借方	贷方	借或贷	余额
月	日						
			期初余额			贷	3 000
1	12	转字第10号	购买原材料,欠货款		1 000	贷	4 000
1	14	转字第11号	偿还所欠货款	1 000		贷	3 000
1	31		本月合计	1 000	1 000	贷	3 000

应付账款明细账(二)

账户名称:F工厂　　　　　　　　　　　　　　　　　　　　　　　　第　　页

2019年		凭证字、号	摘要	借方	贷方	借或贷	余额
月	日						
			期初余额			贷	5 000
1	12	转字第10号	购买原材料,欠货款		2 000	贷	7 000
1	14	转字第11号	偿还所欠货款	2 000		贷	5 000
1	31		本月合计	2 000	2 000	贷	5 000

为了检查账户是否完整、准确地记录,可以使用试算平衡表进行计算。

原材料试算平衡表

××××年××月　　　　　　　　　　　　　　　　　　　　　　　　单位:元

明细账户	期初余额		本期发生额		期末余额	
	借方	贷方	借方	贷方	借方	贷方
A材料	2 000		1 000	800	2 200	
B材料	4 000		2 000	2 000	4 000	
合计(总账)	6 000		3 000	2 800	6 200	

应付账款试算平衡表

××××年××月　　　　　　　　　　　　　　　　　　　　　　　　单位:元

明细账户	期初余额		本期发生额		期末余额	
	借方	贷方	借方	贷方	借方	贷方
E工厂		3 000	1 000	1 000		3 000
F工厂		5 000	2 000	2 000		5 000
合计(总账)		8 000	3 000	3 000		8 000

第 7 章

会 计 核 算

会计核算是以货币为主要计量单位,对企业一定期间的经济活动进行真实、准确地记录、计算和报告。

7.1 货币资金核算

7.1.1 库存现金核算

库存现金是资产核算的首要工作,其核算一般包括总分类核算和明细核算。

(1) 核算

① 总分类核算。根据相关财会法规的规定,企业应设置"库存现金"账户,借方登记增加数额,贷方登记减少数额,期末余额在借方,反映期末库存现金的实有数。

总分类的核算从收入和支出两方面进行,具体如图 7-1 所示。

收入核算	支出核算
(1) 对现金的收入进行核算并做好账务处理 (2) 借方登记库存现金及其数额,贷方登记各种收入的相关账户及其数额	(1) 对现金的支出进行核算并做好账务处理 (2) 借方登记各种涉及支出的相关账户及其数额,贷方登记库存现金及其数额

图 7-1 库存现金的总分类核算

② 明细核算。明细核算主要是针对现金的各种日记账,一般由出纳人员做好每日的登记核对,在月末时要与会计的总账进行核对。

(2) 库存现金的清查。为了及时地发现现金是否有漏记、错记、贪污等情形,会计应定期或不定期对库存现金进行清查。通常采用实地盘点的方法,进行账实核对。

① 长款的处理。在清查中若发现实存数大于账面数,就会出现长款,并进行

图7-2所示的处理。

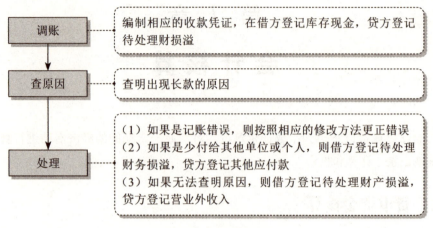

图7-2　长款的处理

② 短款的处理。在清查中若发现实存数小于账面数,就会出现短款,并进行图7-3所示的处理。

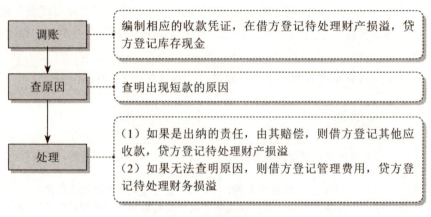

图7-3　短款的处理

7.1.2　银行存款核算

(1) 收付核算。对于银行存款的收付,企业要进行序时核算和分类核算。一方面,由出纳每日认真做好日记账,并定期与会计的总账进行核对;另一方面,设立银行存款总分类账户,由会计进行登账管理。

(2) 清查。银行存款的清查主要是将日记账与银行对账单定期核对,由于银行存款日记账是出纳登记保管,因此,与银行的对账工作主要由出纳完成。

7.1.3 其他货币资金核算

其他货币资金包括企业的外埠存款、银行汇票存款、银行本票存款、信用证存款、信用卡存款和存出投资款等。

在核算中，企业应设置"其他货币资金"账户，借方登记其他货币资金的增加数，贷方登记其他货币资金的减少数，余额在借方，表示其他货币资金的结存数额。具体的核算如表7-1所示。

表7-1　其他货币资金核算

序号	资金类型	核算要点
1	外埠存款	（1）汇往采购地开立专户时，借记"其他货币资金——外埠存款"账户，贷记"银行存款"账户 （2）支用外埠存款实施采购时，借记"材料采购"或"商品采购"等账户，贷记"其他货币资金——外埠存款"账户
2	银行汇票	（1）使用银行汇票支付款项后，借记"材料采购""应交税费——应交增值税（进项税额）"等账户，贷记"其他货币资金——银行汇票"账户 （2）银行汇票使用完毕，应转销"其他货币资金——银行汇票"账户 （3）如实际采购支出小于银行汇票面额，多余部分应借记"银行存款"账户，贷记"其他货币资金——银行汇票"账户 （4）汇票因超过付款期限或其他原因未曾使用而退还款项时，应借记"银行存款"账户，贷记"其他货币资金——银行汇票"账户
3	银行本票	（1）支付购货款等款项后，应根据发票账单等有关凭证，借记"材料采购""应交税费——应交增值税（进项税额）"等账户，贷记"其他货币资金——银行本票"账户 （2）如果因本票超过付款期等原因未曾使用而要求银行退款时，应填制进账单一式两联，连同本票一并交给银行，然后根据银行收回本票时盖章退回的一联进账单，借记"银行存款"账户，贷记"其他货币资金——银行本票"账户
4	存出投资款	（1）向证券公司划出资金时，应按实际划出的金额，借记"其他货币资金——存出投资款"，贷记"银行存款" （2）购买股票、债券等有价证券时，按实际发生的金额，借记"交易性金融资产"，贷记"其他货币资金——存出投资款"

7.2　应收与预付款项的核算

应收和预付款项是企业资产的一个重要组成部分，它是指企业在日常生产经营过程中发生的各项债权，包括应收款项（包括应收票据、应收账款、其他应收款等）和预付账款等。应收款项的科目设置如图7-4所示。

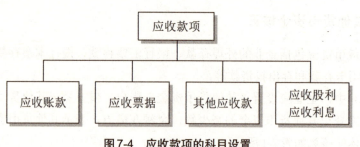

图7-4 应收款项的科目设置

7.2.1 应收账款核算

企业因销售商品、提供劳务等经营活动应收取的款项,应该用"应收账款"科目核算。对于应收而尚未收到的款项,借记"应收账款"。对于已收到的款项,贷记"应收账款"。

此外,对应收款项已经证明无法收回而发生的坏账损失,经批准应冲销提取的坏账准备时,借记"坏账准备",贷记"应收账款"或"其他应收款"。

已转销的应收款项以后如果收回,应先恢复已冲销的"应收账款"或"其他应收款"和"坏账准备",即借记"应收账款"或"其他应收款",贷记"坏账准备";同时反映应收款项的收回,借记"银行存款",贷记"应收账款"或"其他应收款"。

> **温馨提示**
>
> 如果转销的坏账只有部分收回,仍做以上两笔记录,但借贷金额应根据收回的金额以及剩余部分是否能收回而定。如果剩余部分能收回,则第一笔分录如数全部转回,第二笔分录的金额为已收回的金额。如果剩余部分很难收回,则第一和第二笔分录均按收回的金额入账。

实例▶▶▶

某企业2019年1月15日向A公司销售一批商品,货款为50 000元,货款尚未收到,在核算时应进行以下的账务处理。

借:应收账款　　　　　　　　　　　　　　　　50 000
　　贷:主营业务收入　　　　　　　　　　　　50 000

2月1日,企业收到A公司支付的部分货款,通过银行支付了10 000元,在核算时应进行如下的账务处理。

借：银行存款　　　　　　　　　　　　　　10 000
　　贷：应收账款　　　　　　　　　　　　　　10 000

后因A公司出现问题，导致此批货款难以收回，发生了坏账损失，经确认损失为40 000元，账务处理如下。

借：坏账准备　　　　　　　　　　　　　　40 000
　　贷：应收账款　　　　　　　　　　　　　　40 000

在2月10日，A公司的40 000元的应收账款已收回，因此要进行以下的账务处理。

借：应收账款　　　　　　　　　　　　　　40 000
　　贷：坏账准备　　　　　　　　　　　　　　40 000
借：银行存款　　　　　　　　　　　　　　40 000
　　贷：应收账款　　　　　　　　　　　　　　40 000

（1）应收账款的计价。确定应收账款的入账价值需要考虑如表7-2所示的因素。

表7-2　应收账款的计价

序号	考虑因素	说明	入账计价
1	商业折扣	企业为了鼓励购货单位多购买商品而给予的价格优惠	应收账款按扣减商业折扣以后的实际售价入账
2	现金折扣	企业采用赊销方式销售商品时，为了鼓励购货单位早日偿还所欠货款，许诺在一定的还款期内给予的折扣优惠 现金折扣表示方式：2/10，1/20，n/30 表示：该笔货款必须在30天内全额偿付，如客户于10天内付款，给予2%的折扣；在11～20天之间付款，给予1%的折扣；在21～30天之间付款就不给予折扣	存在现金折扣的情况下，应收账款按总价法入账，即按尚未享受现金折扣的金额入账，现金折扣在实际发生时计入财务费用
3	销售折让	企业因售出商品的品种、规格、质量等原因而在售价上给予购货单位的减让	当发生销售折让时，销货单位应冲减当期的销售收入

（2）应收账款的会计处理。

① 没有商业折扣，按应收的全部金额入账。

某公司售给A公司一批商品，发票上列示的商品价款20 000元，增值税额2 600元（税率13%），共计22 600元，已向银行办妥委托收款手续。

借：应收账款——A公司　　　　　　　　　　　　　2 2600
　　贷：主营业务收入　　　　　　　　　　　　　　　20 000
　　　　应交税费——应交增值税（销项税额）　　　　 2 600

② 有商业折扣，按扣除商业折扣的金额入账。

某公司售给B公司一批商品，价目表上的金额合计为250 000元，由于成交量较大，本公司同意给其10%的商业折扣，增值税率为13%。

借：应收账款——B公司　　　　　　　　　　　　　254 250
　　贷：主营业务收入　　　　　　　　　　　　　　　225 000
　　　　应交税费——应交增值税（销项税额）　　　　29 250

③ 在有现金折扣的情况下，采用总价法入账，发生的现金折扣作为财务费用处理。

某公司售给C公司商品50 000元，规定的现金折扣条件为2/10、1/20、n/30，增值税率为13%，产品发出并办理了托收手续。

借：应收账款——C公司　　　　　　　　　　　　　5 6500
　　贷：主营业务收入　　　　　　　　　　　　　　　50 000
　　　　应交税费——应交增值税（销项税额）　　　　 6 500

上述货款如在10天内收到，则分录如下。

借：银行存款　　　　　　　　　　　　　　　　　　55 500
　　财务费用　　　　　　　　　　　　　　　　　　 1 000
　　贷：应收账款——C公司　　　　　　　　　　　　56 500

上述货款如在21天以后收到，则分录如下。

借：银行存款　　　　　　　　　　　　　　　　　56 500
　　贷：应收账款——C公司　　　　　　　　　　　　56 500

④ 发生销售折让时，冲减销售收入。

 实例 ▶▶▶

某公司售给D公司一批商品，发票上列示的商品价款50 000元，增值税额6500元（税率为13%），共计56 500元，已向银行办妥委托收款手续。

办妥托收手续时会计分录如下。

借：应收账款——D公司　　　　　　　　　　　　56 500
　　贷：主营业务收入　　　　　　　　　　　　　　50 000
　　　　应交税费——应交增值税（销项税额）　　　6 500

D公司在验收商品时发现品质未达标，要求退货。经协商，给予D公司10%的折让，已收到D公司汇款。

借：银行存款　　　　　　　　　　　　　　　　　50 850
　　贷：应收账款——D公司　　　　　　　　　　　　56 500
　　　　应交税费——应交增值税（销项税额）　　　650（红字）
　　　　主营业务收入　　　　　　　　　　　　　　5 000（红字）

7.2.2　坏账损失

（1）直接转销法。在该方法下，企业实际发生坏账时，确认坏账损失，直接记入当期损益（资产减值损失）。

 实例 ▶▶▶

客户H公司所欠货款36 800元已超过3年，且屡催无效，公司管理层认为该笔货款无法收回，应作为坏账损失处理。

借：资产减值损失——坏账损失　　　　　　　　　36 800
　　贷：应收账款——H公司　　　　　　　　　　　　36 800

如这笔已冲销的应收账款以后又收回，则会计分录如下。

（1）借：应收账款——H公司　　　　　　　　　　36 800
　　　　贷：资产减值损失——坏账损失　　　　　　36 800
（2）借：银行存款　　　　　　　　　　　　　　　36 800
　　　　贷：应收账款——H公司　　　　　　　　　36 800

（2）备抵法。在该法下，应按期估计坏账损失，记入"资产减值损失"账户，形成坏账准备。实际发生坏账损失时，按坏账的金额冲减坏账准备金，同时转销应收账款。我国规定坏账损失的核算采用备抵法。

应收账款余额比率法。按应收账款年末余额的一定比例计提坏账准备。

实例▶▶▶

某公司2017年年末应收账款余额为1 500 000元，提取坏账准备的比例为3%；2018年客户F公司发生了坏账损失85 000元，年末应收账款9 600 000元；2019年，已冲销的F公司应收账款60 000元又收回，期末应收账款1 200 000元。

（1）2017年末提取坏账准备。
借：资产减值损失——坏账损失　　　　　　　　　45 000
　　贷：坏账准备　　　　　　　　　　　　　　　　45 000

（2）2018年。
①冲销坏账：借：坏账准备　　　　　　　　　　　85 000
　　　　　　　贷：应收账款——F公司　　　　　　85 000
②年末提取坏账准备。
坏账准备的余额应为960 000×3%＝28 800。
应提取的坏账准备为45 000+28 800＝73 800。
借：资产减值损失——坏账损失　　　　　　　　　73 800
　　贷：坏账准备　　　　　　　　　　　　　　　　73 800

（3）2019年
①收回2018年冲销的F公司应收账款85 000元。
借：应收账款——F公司　　　　　　　　　　　　　85 000
　　贷：坏账准备　　　　　　　　　　　　　　　　85 000
同时
借：银行存款　　　　　　　　　　　　　　　　　　85 000
　　贷：应收账款——F公司　　　　　　　　　　　　85 000

② 年末提取坏账准备。

坏账准备的余额应为 1 200 000×3% = 36 000。

应提取的坏账准备为 36 000-118 800 = -82 800。

借：坏账准备　　　　　　　　　　　　　　　　82 800

　　贷：资产减值损失——坏账损失　　　　　　　82 800

以上会计分录登记在账上如下表所示。

坏账准备明细账

日期	摘要	借方	贷方	借或贷	余额
2017年12月31日	提取坏账准备		45 000	贷	45 000
2018年	冲销F公司应收账款	85 000		贷	-40 000
2018年12月31日	提取坏账准备		73 800	贷	33 800
2019年	收回F单位应收账款		85 000	贷	1 188 000
2019年12月31日	转回坏账准备	82 800		贷	36 000

（3）账龄分析法。根据应收账款的账龄长短来估计坏账损失。理论基础是，应收账款被拖欠的时间越长，则发生坏账的可能性越大。

 实例▶▶▶

某公司年初"坏账准备"的余额为贷方8 700元。年末根据应收账款账龄估计坏账损失如下表。

估计坏账损失

应收账款		估计损失率/%	估计损失金额/元
账龄	金额		
未到期	250 000	0.5	1 250
逾期1个月	150 000	1	1 500
逾期2个月	80 000	2	1 600
逾期8个月	140 000	3	4 200
逾期1年及以上	50 000	5	2 500
合计	670 000		11 050

分录如下。

借：资产减值损失——坏账损失 2 350
　　贷：坏账准备 2 350

（4）销货比例法

根据赊销总额的一定比例计算坏账损失。

 实例▶▶▶

某公司当年赊销总额为 188 万元，估计坏账损失率为 1%，年末应计提坏账损失 18 800 元。

借：资产减值损失——坏账损失 18 800
　　贷：坏账准备 18 800

7.2.3　应收票据

（1）应收票据的计价。

① 按面值入账。

② 不提坏账准备。

③ 到期收不回的应收票据转做应收账款。

（2）票据到期日的确定。

① 按月份定期。出票日为月末最后一天，则到期日为到期月份的最后一天。

② 按天数计算。从出票日开始，按实际天数计算到期日，算头不算尾。

③ 按规定日期定期。按汇票上具体制定的日期为到期日。

（3）应收票据的核算。

 实例▶▶▶

某公司 2019 年 8 月 1 日销售一批产品给 G 公司，货款 200 000 元，增值税 34 000 元。9 月 1 日收到 G 公司交来的商业承兑汇票一张，期限 6 个月，票面利率为 10%。2020 年 3 月 1 日票据到期收到票款和利息。

（1）2019 年 8 月销售商品。

借：应收账款——G 公司 234 000
　　贷：主营业务收入 200 000
　　　　应交税费——应交增值税（销项税额） 34 000

（2）2019年9月收到商业汇票。

借：应收票据——G公司　　　　　　　　　　　234 000
　　贷：应收账款——G公司　　　　　　　　　　234 000

（3）2020年3月票据到期收回票款和利息。

收款金额＝234 000×（1+10%×6÷12）＝245 700

2020年的票据利息＝234 000×10%×2÷12＝3 900

借：银行存款　　　　　　　　　　　　　　　　245 700
　　贷：应收票据——G公司　　　　　　　　　　234 000
　　　　财务费用　　　　　　　　　　　　　　　11 700

（4）若商业汇票到期时G公司无力偿还票款而被银行退票，则作分录如下。

借：应收账款——G公司　　　　　　　　　　　245 700
　　贷：应收票据——G公司　　　　　　　　　　234 000
　　　　财务费用　　　　　　　　　　　　　　　11 700

（4）应收票据的贴现。持有商业汇票的企业如在票据到期前需要用款，可持未到期的商业汇票向银行申请贴息兑现。

贴现即"贴息兑现"之意，持票人将未到期的票据背书后送交银行，银行从票据到期金额中预扣除按贴现率计算确定的贴现息，将余额付给贴现申请人。

应收票据贴现的核算如下。

① 计算票据到期值：带息票据到期值＝面值×（1+利率×期限）。

② 计算贴现期。

③ 计算贴现利息：贴现息＝票据到期值×贴现率×贴现期。

④ 计算贴现收款金额：贴现实收金额＝票据到期值−贴现息。

实例▶▶▶

某公司因需要用款，于2019年11月1日将G公司2019年9月1日签发并承兑的期限6个月、票面金额为120 000元的商业汇票向银行申请贴现，贴现率15%。

票据到期价值＝120 000×（1+6×10%÷12）＝126 000

贴现息＝126 000×15%×121÷360＝6 352.5（元）

贴现实收金额＝126 000−6 352.5＝119 647.5（元）

借：银行存款　　　　　　　　　　　　　　　　　119 647.5
　　财务费用——利息支出　　　　　　　　　　　　352.5
　　贷：应收票据　　　　　　　　　　　　　　　　120 000

2020年3月1日，公司贴现的商业承兑汇票到期，因承兑人G公司无力支付而被银行退票，银行同时转来支款通知，银行已从本公司银行账户中支取票款。

借：应收账款——G公司　　　　　　　　　　　　126 000
　　贷：银行存款　　　　　　　　　　　　　　　　126 000

若本公司存款余额不足，银行做逾期贷款处理，即转为企业短期借款。

借：应收账款——G公司　　　　　　　　　　　　126 000
　　贷：短期借款　　　　　　　　　　　　　　　　126 000

(5) 应收票据转让。

实例 ▶▶▶

某公司于2019年11月1日将G公司2019年9月1日签发并承兑的期限6个月、票面金额为105 000元、票面利率为10%的商业汇票背书转让取得材料一批，货款120 000元，增值税15 600元（税率为13%），差额以银行存款补付。

借：原材料　　　　　　　　　　　　　　　　　　120 000
　　应交税费——应交增值税（进项税额）　　　　 15 600
　　贷：应收票据——A公司　　　　　　　　　　　105 000
　　　　财务费用　　　　　　　　　　　　　　　　 1 750
　　　　银行存款　　　　　　　　　　　　　　　　28 850

7.2.4　其他应收款

其他应收款是企业在商品交易业务以外发生的各种应收、暂付款项，包括以下项目。

(1) 应收的各种赔款、罚款。
(2) 应收的各种垫付款项。
(3) 存出的保证金，如支付包装物押金等。
(4) 预付给内部单位和职工的备用金。

其他应收款也应当计提坏账准备。

对确实无法收回的其他应收款，应作为坏账损失，冲销提取的坏账准备。

7.2.5 预付账款

企业预付货款后，因供货单位破产、撤销等原因已无望收到所购货物的，应将原记入"预付账款"的金额转入"其他应收款"，并按规定计提坏账准备。

7.3 存货核算

存货属于企业的流动资产，是企业在日常活动中持有以备出售的产成品或商品、处在生产过程中的在产品，以及在生产过程或提供劳务过程中耗用的材料、物料等。

7.3.1 存货的计价

（1）先进先出法。先进先出法是假定先收到的存货先发出，以此确定发出存货成本和期末结存存货成本的一种方法。

某公司2019年8月初结存A材料500千克，每千克实际成本为80元。在本月发生以下业务。

（1）8月5日购入该材料300千克，每千克实际成本为100元。

（2）8月15日购入该材料500千克，每千克实际成本为110元。

（3）8月11日发出该材料600千克。

（4）8月18日发出该材料500千克。

采用先进先出法计算8月发出和结存A材料的实际成本，步骤如下。

第一步：求出8月11日的存货发出成本，计算公式如下。

$$500 \times 80 + 100 \times 100 = 50\,000（元）$$

第二步：求出8月18日的存货发出成本，计算公式如下。

$$200 \times 100 + 300 \times 110 = 5\,3000（元）$$

第三步：求出8月发出和结存的实际成本，具体计算如下。

8月存货的发出成本 = 50 000+53 000 = 103 000（元）

8月存货的结存成本 = 200×110 = 22 000（元）

（2）加权平均法。加权平均法也称全月一次加权平均法或月末加权平均法，是指月末一次计算加权平均单价，据以计算当月发出存货成本和月末结存存货成本的一种方法。

加权平均单价＝（月初结存存货成本＋本月收入存货成本）÷
（月初结存存货数量＋本月收入存货数量）

本月发出存货成本＝本月发出存货数量×加权平均单价

月末结存存货成本＝月末结存存货数量×加权平均单价

此外，月末结存存货成本也可以采用以下公式计算。

月末结存存货成本＝月初结存存货成本＋本月收入存货成本－
本月发出存货成本

 实例▶▶▶

仍以前例，改用加权平均法计算发出存货成本和期末结存存货成本。
加权平均单价＝（500×80＋300×100＋500×110）÷（500＋300＋500）＝96.15（元／千克）
本月发出存货成本＝96.15×（600＋500）＝105 765（元）
月末结存存货成本＝200×96.15＝19 230（元）

（3）移动平均法。移动平均法也称移动加权平均法，是指在每次进货以后，都要计算出新的加权平均单价，作为下次进货前发出存货的单位成本的一种方法。移动平均法与全月一次加权平均法的计算原理基本相同，只是要求在每次收入存货时重新计算加权平均单价。其计算公式如下。

存货平均成本＝（库存存货成本＋本批收入存货成本）÷（库存存货数量＋本批
收入存货数量）

 实例▶▶▶

仍以前例，改用移动平均法计算发出存货成本和期末结存存货成本。
（1）5日购入后的加权平均单价为
（500×80＋300×100）÷（500＋300）＝87.5（元／千克）
11日发出存货成本＝600×87.5＝52 500（元）
结存存货成本＝200×87.5＝17 500（元）

（2）15日购入后的加权平均单价为

（17 500+500×110）÷（200+500）= 103.57（元/千克）

（3）18日发出存货成本 = 600×103.57 = 62 142（元）。

（4）月末存货成本 = 200×103.57 = 20 714（元）。

本月发出存货成本 = 52 500+62 142 = 114 642（元）

7.3.2 存货的账务处理

存货的账务处理必须依据相关的账户及记账要求进行，表7-3重点对库存商品和原材料的账务核算处理进行了说明。

表7-3 存货账务处理

存货类别	业务内容	账务处理
库存商品	外购商品验收入库	（1）借方登记库存商品、应交税费等 （2）贷方登记应付账款、银行存款、现金等
	生产完工验收入库	（1）借方登记库存商品、应交税费等 （2）贷方登记生产成本
原材料	采购材料验收入库	（1）借方登记原材料、应交税费等 （2）贷方登记银行存款、现金等
	发出原材料	（1）借方登记生产成本、制造费用等 （2）贷方登记原材料

7.3.3 存货的清查

存货清查是为了检查存货的储存和保管情况，确定存货账实是否相符。

（1）盘盈。在对存货盘点后，如果盘盈时，首先应调账，即在借方登记原材料，贷方登记待处理财产损溢。然后再进行结果处理，要将借方登记待处理财产损溢，贷方登记管理费用。

（2）盘亏。如果盘亏时，首先应调账，即在借方登记待处理财产损溢，贷方登记原材料。然后再进行结果处理，要将借方登记管理费用、营业外支出等，贷方登记待处理财产损溢。

7.4 固定资产核算

对固定资产进行核算，主要是做好固定资产的折旧和清查核算。

7.4.1 固定资产的折旧

折旧计算方法可以采用平均年限法、工作量法、双倍余额递减法、年数总和法等。其中双倍余额递减法、年数总和法属于加速折旧法。

（1）平均年限法。平均年限法又称直线法，是将固定资产的折旧均衡地分摊到各期的一种方法。使用这种方法计算的每期折旧额均是等额的。

$$年折旧率 = \frac{1-预计净残值率}{折旧率} \times 100\%$$

$$月折旧率 = 年折旧率 \div 12$$

$$月折旧额 = 固定资产原值 \times 月折旧率$$

 实例 ▶▶▶

某公司有一台设备，原值为100 000元，预计可使用10年，按照有关规定，该设备报废时的净残值率为5%。以平均年限法计算该设备的月折旧率和月折旧额如下。

$$年折旧率 = \frac{1-5\%}{10} \times 100\% = 9.5\%$$

$$月折旧率 = 9.5\% \div 12 = 0.79\%$$

$$月折旧额 = 100\,000 \times 0.79\% = 790（元）$$

（2）工作量法。即根据实际工作量计提折旧额的一种方法。按照行驶里程计算折旧如下。

$$单位里程折旧率 = \frac{固定资产原值 \times (1-预计净残值率)}{总行驶里程}$$

按工作小时计算折旧如下。

$$工作小时折扣额 = \frac{固定资产原值 \times (1-预计净残值率)}{总工作小时}$$

实例 ▶▶▶▶

某公司的一辆货车原值为50 000元,预计总行驶里程为50万千米,其报废时的净残值率为5%,本月行驶10 000千米。该辆货车的月折旧额计算如下。

$$单位里程折旧额 = \frac{50\,000 \times (1-5\%)}{500\,000} \times 100\% = 9.5\%$$

$$本月折旧额 = 10\,000 \times 9.5\% = 950(元)$$

(3)双倍余额递减法。双倍余额递减法是在不考虑固定资产残值的情况下,根据每期期初固定资产账面净值和双倍的直线法折旧率计算固定资产折旧的一种方法。计算公式为

$$年折旧率 = \frac{2}{折旧年限} \times 100\%$$

$$月折旧额 = 年折旧额 \div 12$$

$$年折旧额 = 每期期初固定资产账面净值 \times 年折旧率$$

实行双倍余额递减法时,固定资产折旧年限在到期前2年,每年要按届时固定资产净值扣除预计净残值后的数额的50%计提。

实例 ▶▶▶▶

某公司一台固定资产的原价为100 000元,预计使用年限为5年,预计净残值为3000元。以双倍余额递减法计算折旧,具体如下。

$$年折旧率 = 2/5 \times 100\% = 40\%$$

第一年应计提的折旧额 = $100\,000 \times 40\% = 40\,000$(元)

第二年应计提的折旧额 = $(100\,000 - 40\,000) \times 40\% = 24\,000$(元)

第三年应计提的折旧额 = $(100\,000 - 40\,000 - 24\,000) \times 40\% = 14\,400$(元)

根据以上的计算要求,第四年、第五年的年折旧额 = "($100\,000 - 40\,000 - 24\,000 - 14\,400$) $- 3000$" $\times 50\% = 9\,300$(元)。

各月折旧额则根据年折旧额除以12来计算。

（4）年数总和法。年数总和法是按固定资产应提折旧的总额乘以一个变动折旧率计算折旧额的一种方法。计算公式为

$$年折旧率 = \frac{折旧年限 - 已使用年限}{折旧年限 \times (折旧年限 + 1) \div 2} \times 100\%$$

$$年折旧额 = (固定资产原值 - 预计净残值) \times 年折旧率$$

$$月折旧额 = 固定资产年折旧额 \div 12$$

某公司一台固定资产设备的原价为100 000元，折旧年限为5年，预计净残值为5 000元。以年数总和法计算折旧。

首先确定每年的折旧率，依上述公式计算，从第1年到第5年，各年的折旧率依次为5/15、4/15、3/15、2/15、1/15。

$$第一年应计提的折旧额 = (100\,000 - 5\,000) \times \frac{5}{15} = 31\,666.67（元）$$

$$第二年应计提的折旧额 = (100\,000 - 5\,000) \times \frac{4}{15} = 25\,333.33（元）$$

$$第三年应计提的折旧额 = (100\,000 - 5\,000) \times \frac{3}{15} = 19\,000（元）$$

$$第四年应计提的折旧额 = (100\,000 - 5\,000) \times \frac{2}{15} = 12\,666.67（元）$$

$$第五年应计提的折旧额 = (100\,000 - 5\,000) \times \frac{1}{15} = 6\,333.3（元）$$

7.4.2 固定资产的清查核算

企业要定期或不定期地对固定资产进行盘点清查，处理盘盈或盘亏的资产。

（1）盘盈。在对固定资产盘点后，如果盘盈时，首先应调账，即在借方登记固定资产，贷方登记累计折旧和待处理财产损溢。经批准转销后，要在借方登记待处理财产损溢，贷方登记营业外收入。

（2）盘亏。如果盘亏时，首先应调账，即在借方登记待处理财产损溢和累计

折旧，贷方登记固定资产。经批准转销后，要在借方登记营业外支出，贷方登记待处理财产损溢。

7.5 流动负债核算

7.5.1 短期借款的核算

进行短期借款的核算，首先要建立"短期借款"的总账，然后设置各种明细账，再按种类进行核算。

在借入时，借方登记银行存款，贷方登记短期借款，归还借款时则刚好相反。短期借款发生的利息，在借方登记财务费用，贷方登记应付利息、银行存款等账户。

实例▶▶▶

某公司2019年1月15日从银行贷款100万元，月利率1‰，期限6个月，到期一次还本付息，则应制作以下分录。

（1）借款时。

借：银行存款　　　　　　　　　　　1 000 000
　　贷：短期借款　　　　　　　　　　1 000 000

（2）1月底计提利息时。

借：财务费用　　　　　　　　　　　1 000
　　贷：应付利息　　　　　　　　　　1 000

（3）到7月1日还本付息时。

借：短期借款　　　　　　　　　　　1 000 000
　　应付利息　　　　　　　　　　　6 000
　　贷：银行存款　　　　　　　　　　1 006 000

7.5.2 应付账款的核算

进行短期借款的核算，首先要建立"应付账款"的总账，然后按供应单位设置明细账。

（1）形成应付账款时。企业购入材料、商品等验收入库，但货款尚未支付，在借方登记原材料或库存商品，贷方登记应付账款。

（2）接受供应单位提供劳务而发生的应付款项，根据供应单位的发票账单，在借方登记有关成本费用账户，贷方登记应付账款。

（3）偿还时，在借方登记应付账款账户，贷方登记相关账户。

7.5.3　应付票据的核算

（1）持票采购或抵付货款时，在借方登记材料采购、应付账款，贷方登记应付票据。

（2）支付银行承兑汇票的手续费。根据相关财会法规的规定，银行等金融机构收取的手续费应作为财务费用处理，因此在借方登记财务费用，贷方登记银行存款。

（3）票据到期支付本金和利息。在借方登记应付票据、财务费用账户，在贷方登记银行存款。

> **温馨提示**
>
> 如果企业到期无法支付票据，就转入短期借款处理，并将罚款支出作为营业外支出处理。

7.5.4　应付员工薪酬的核算

（1）分类处理。企业应当根据员工提供服务的受益对象，对发生的员工薪酬分别进行处理，具体如表7-4所示。

表7-4　应付员工薪酬的分类处理

序号	受益对象	会计处理
1	生产部门人员	借记"生产成本""制造费用""劳务成本"科目，贷记本科目
2	管理部门人员	借记"管理费用"科目，贷记本科目
3	销售人员	借记"销售费用"科目，贷记本科目
4	工程、研发人员	借记"在建工程""研发支出"科目，贷记本科目
5	劳动补偿	借记"管理费用"科目，贷记本科目
6	外商投资企业的职工奖励及福利基金	借记"利润分配——提取的职工奖励及福利基金"科目，贷记本科目

(2)支付核算。企业按照有关规定向员工支付工资、奖金、津贴等,借记"应付员工薪酬",贷记"银行存款""库存现金"等科目。

企业从应付员工薪酬中扣还的各种款项如个人所得税,借记本科目,贷记"其他应收款""应交税费——应交个人所得税"等科目。

企业向员工支付员工福利费,借记本科目,贷记"银行存款""库存现金"科目。

企业支付工会经费,交纳保险费和住房公积金,借记本科目,贷记"银行存款"等科目。

企业因解除与员工的劳动关系向员工给予的补偿,借记本科目,贷记"银行存款""库存现金"等科目。

 实例

某企业从银行提取现金50 000元发放职工薪酬,其中生产人员的薪酬为30 000元,管理人员的薪酬为20 000元,并按10%的比例提取福利。

会计根据以上内容,在核算时应制作以下分录。

(1)提取现金时。

借:库存现金 50 000
　　贷:银行存款 50 000

(2)发放工资时。

借:应付员工薪酬——工资 50 000
　　贷:库存现金 50 000

具体发放不同人员的工资时分录如下。

借:生产成本 30 000
　　管理费用 20 000
　　贷:应付员工薪酬 50 000

(3)计提福利费时。

借:生产成本 3 000
　　管理费用 2 000
　　贷:应付员工薪酬 5 000

7.5.5 应交税费的核算

企业按照税法等规定计算应交纳的各种税费,包括增值税、消费税、所得税、

资源税、土地增值税、房产税、土地使用税等。企业代扣代交的个人所得税等，也通过本科目核算。

本科目可按应交的税费项目进行明细核算。本科目期末贷方余额，反映企业尚未交纳的税费；期末如为借方余额，反映企业多交或尚未抵扣的税费。

（1）应交增值税。应交增值税应分别设置"进项税额""销项税额""出口退税""进项税额转出""已交税金"等明细账户。

① 企业采购材料或商品时，按应计入采购成本的金额，借记"材料采购""原材料""库存商品"等科目，按可抵扣的增值税额，借记本科目（应交增值税——进项税额），按应付或实际支付的金额，贷记"应付账款""应付票据""银行存款"等科目。

② 销售商品或提供应税劳务，按营业收入和应收取的增值税额，借记"应收账款""应收票据""银行存款"等科目，按专用发票上注明的增值税额，贷记本科目（应交增值税——销项税额），按确认的营业收入，贷记"主营业务收入""其他业务收入"等科目。

③ 出口产品按规定退税的，借记"其他应收款"科目，贷记本科目（应交增值税——出口退税）。

（2）其他税种的账务处理。

① 企业按规定计算应交的消费税、资源税、城市维护建设税、教育费附加等，借记"营业税金及附加"科目，贷记本科目。实际交纳时，借记本科目，贷记"银行存款"等科目。

② 企业转让土地使用权应交的土地增值税，土地使用权与地上建筑物及其附着物一并在"固定资产"等科目核算的，借记"固定资产清理"等科目，贷记本科目（应交土地增值税）。土地使用权在"无形资产"科目核算的，按实际收到的金额，借记"银行存款"科目，按应交的土地增值税，贷记本科目（应交土地增值税），同时冲销土地使用权的账面价值，贷记"无形资产"科目，按其差额，借记"营业外支出"科目或贷记"营业外收入"科目。实际交纳土地增值税时，借记本科目，贷记"银行存款"等科目。

③ 企业按规定计算应交的房产税、土地使用税、车船税、矿产资源补偿费，借记"管理费用"科目，贷记本科目。实际交纳时，借记本科目，贷记"银行存款"等科目。

④ 企业按照税法规定计算应交的所得税，借记"所得税费用"等科目，贷记本科目（应交所得税）。交纳的所得税，借记本科目，贷记"银行存款"等科目。

> A企业为B企业代加工某产品100个，每个收取加工费100元，适用的增值税税率为13%。加工完成，收到B企业支付的款项并存入银行。因此，制作以下的分录。
>
> 借：银行存款　　　　　　　　　　　　　　　　　11 300
> 　　贷：主营业务收入　　　　　　　　　　　　　10 000
> 　　　　应交税费——应交增值税（销项税额）　　 1 300

7.6 收入的核算

7.6.1 直接收款交货销售的核算

采用直接收款交货方式销售产品时，企业收到货款并把发票账单和提货单交给买方时，确认为收入实现。这时会计人员应根据有关凭证借记"银行存款""应收票据""应收账款"等账户，贷记"主营业务收入""应交税费——应交增值税"等账户。同时，结转发出产品的实际成本（产品销售成本可以在平时逐笔结转，也可于月末集中一次结转），借记"主营业务成本"，贷记"库存商品"。

需要交纳消费税、资源税、城市维护建设税、教育费附加等税费的，会计人员应在确认收入的同时，或在月份终了时，按应交的税费金额，借记"营业税金及附加"等账户，贷记"应交税费——应交消费税（或应交资源税、应交教育费附加、应交城市维护建设税）"等账户。

> 实例▶▶▶
>
> 某公司销售产品50件，单位售价100元，增值税率13%，款项已经收到。该批产品单位成本70元。假定消费税率为5%。
>
> 该项销售已符合销售收入确认的5个条件，应确认为收入的实现，本项销售业务涉及"主营业务收入""银行存款""应交税费"等账户。作如下会计分录。
>
> 借：银行存款　　　　　　　　　　　　　　　　　 5 650
> 　　贷：主营业务收入　　　　　　　　　　　　　 5 000
> 　　　　应交税费——应交增值税（销项税额）　　　 650

计算应上交的消费税,这项经济业务一方面使得企业的应交税费增加了 250 元,应贷记"应交税费"账户;另一方面,也使企业营业税金及附加增加 250 元,应借记"营业税金及附加"账户,作会计分录如下。

  借:营业税金及附加   250
    贷:应交税费——应交消费税   250

结转销售成本,应从"库存商品"账户转入"主营业务成本"账户。作会计分录如下。

  借:主营业务成本   3 500
    贷:库存商品   3 500

7.6.2 托收承付方式销售的核算

实例 ▶▶▶

某公司以托收承付方式向 A 厂销售一批商品,成本为 50 000 元,增值税发票上注明售价为 100 000 元,增值税为 13 000 元(税率 13%),该批商品已经发出,并已向银行办妥托收手续。A 厂承诺付款。

这项经济业务属于托收承付销售业务,公司已将商品发出,并已向银行办妥托收手续,A 厂承诺付款,按规定应视为营业收入的实现。企业尚未实际收到款项,故应做应收账款处理。这项经济业务涉及"应收账款""主营业务收入""应交税费——应交增值税"账户。作会计分录如下。

  借:应收账款——A 厂   113 000
    贷:主营业务收入   100 000
      应交税费——应交增值税(销项税额) 13 000

结转销售成本,应从"库存商品"账户结转至"主营业务成本"账户。作会计分录如下。

  借:主营业务成本   50 000
    贷:库存商品   50 000

7.6.3 分期收款销售的核算

分期收款销售指商品已经交付,但货款分期收回的一种销售方式。分期收款销售的特点是销售商品的价值较大,如汽车、重型设备等;收款期较长,有的是几年，有的长达几十年；收取货款的风险较大。因此，分期收款销售方式下，企业应按照合同约定的收款日期分期确认销售收入。

采用分期收款销售方式的企业，应设"分期收款发出商品"账户，核算已经发出但尚未结转的产品成本。

企业在发出商品时，按商品的实际成本，借记"分期收款发出商品"科目，贷记"库存商品"科目；在每期销售实现时，应按本期应收的货款金额，借记"银行存款"或"应收账款"科目，按当期实现的销售收入，贷记"主营业务收入"科目，按增值税发票上注明的增值税金额，贷记"应交税费——应交增值税（销项税额）"科目。同时按商品全部销售成本与全部销售收入的比率计算出本期应结转的销售成本，借记"主营业务成本"科目，贷记"分期收款发出商品"科目。

某公司2019年9月1日采用分期收款方式销售甲商品一台，售价400 000元，增值税率为13%，实际成本为200 000元，合同约定款项在1年内按季度平均收回，每季度末为收款日期，每季度收回货款100 000元。

公司应作如下会计分录。

（1）发出商品时。

借：分期收款发出商品　　　　　　　　　　　200 000

　　贷：库存商品　　　　　　　　　　　　　　　200 000

（2）每季度末时。

借：应收账款（或银行存款）　　　　　　　　113 000

　　贷：主营业务收入　　　　　　　　　　　　　100 000

　　　　应交税费——应交增值税（销项税额）　　13 000

同时结转商品成本。

借：主营业务成本　　　　　　　　　　　　　 50 000

　　贷：分期收款发出商品　　　　　　　　　　　 50 000

7.6.4　销售折扣的核算

企业在销售产品时会发生两种折扣，一种是商业折扣；另一种为现金折扣。

商业折扣是指企业为促进销售而在商品标价上给予的扣除。如企业为鼓励买方购买更多的商品而规定购买10件以上者给10%的折扣，这种折扣对会计处理并不产生影响，只要按扣除商业折扣后的净额确认销售收入即可。

现金折扣是指债权人为鼓励债务人在规定的期限内提前付款，而向债务人提供的债务扣除。现金折扣通常发生在以赊销方式销售商品及提供劳务的交易中。

企业为了鼓励客户提前偿付货款，通常与债务人达成协议，债务人在不同的期限内付款可享受不同比例的折扣。现金折扣一般用符号"折扣/付款期限"表示。

> **实例** ▶▶▶
>
> 某公司在2019年9月1日销售商品一批，增值税发票上注明售价10 000元，增值税额1 300元。公司为了及早收回货款而在合同中规定符合现金折扣的条件为2/10、1/20、n/30，假定计算折扣时不考虑增值税。
>
> （1）9月1日销售实现时，应按全价入账。这项经济业务涉及"应收账款""主营业务收入""应交税费——应交增值税"账户，应作如下会计分录。
>
> 借：应收账款　　　　　　　　　　　　　　　11 300
> 　　贷：主营业务收入　　　　　　　　　　　　10 000
> 　　　　应交税费——应交增值税（销项税额）　 1 300
>
> （2）如9月8日买方付清货款，则按售价的2%享受现金折扣200元[10 000×2%＝200（元）]。因此，企业的银行存款增加，财务费用增加，应借记"银行存款""财务费用"账户，同时，应收账款减少，应贷记"应收账款"账户。
>
> 借：银行存款　　　　　　　　　　　　　　　11 100
> 　　财务费用　　　　　　　　　　　　　　　　　200
> 　　贷：应收账款　　　　　　　　　　　　　　11 300

7.6.5　销售折让的核算

销售折让指企业因售出商品的质量不合格等原因而在售价上给予的减让。发生的销售折让应在实际发生时冲减发生当期的收入。如按规定允许扣除当期销项税额的，应同时用红字冲减"应交税费——应交增值税"科目的"销项税额"专栏。

> **实例** ▶▶▶
>
> 某公司销售商品一批，增值税发票上的售价为20 000元，增值税额2 600元，货到后买方发现商品质量不合格，要求在价格上给予5%的折让。
>
> （1）销售实现时，涉及的账户有"应收账款""主营业务收入""应交税费——应交增值税（销项税额）"账户，作会计分录如下。

借：应收账款　　　　　　　　　　　　　　　　　22 600
　　贷：主营业务收入　　　　　　　　　　　　　20 000
　　　　应交税费——应交增值税（销项税额）　　2 600

（2）发生销售折让时，应减少当期的营业收入，因此，应借记"主营业务收入""应交税费——应交增值税（销项税额）"，贷记"应收账款"。

借：主营业务收入　　　　　　　　　　　　　　　1 000
　　应交税费——应交增值税（销项税额）　　　　　260
　　贷：应收账款　　　　　　　　　　　　　　　1260

（3）实际收到款项时，银行存款增加，应借记"银行存款"账户，应收账款减少，应贷记"应收账款"账户，作会计分录如下。

借：银行存款　　　　　　　　　　　　　　　　　21 340
　　贷：应收账款　　　　　　　　　　　　　　　21 340

7.6.6　销售退回的核算

销售退回是指企业售出的商品，由于质量、品种不符合要求等原因而发生的退货。

企业确认收入后，又发生销售退回的，无论是当年销售的，还是以前年度销售的，一般均应冲减退回当月的销售收入；同时冲减退回当月的销售成本；如该项销售已经发生现金折扣或销售折让的，应在退回当月一并调整；企业发生销售退回时，如按规定允许扣减当期销项税的，应同时用红字冲减"应交税费——应交增值税"科目的"销项税额"专栏。

实例1 ▶▶▶

某生产企业销售A商品一批，售价10 000元，增值税额1 300元，成本6 000元，货款已收回，原因是该批产品质量严重不合格被退回。

（1）销售商品时，按实现营业收入核算，涉及"银行存款""主营业务收入""应交税费——应交增值税（销项税额）"账户，作会计分录如下。

借：银行存款　　　　　　　　　　　　　　　　　11 300
　　贷：主营业务收入　　　　　　　　　　　　　10 000
　　　　应交税费——应交增值税（销项税额）　　1 300

结转实现营业收入的成本，应从"库存商品"账户结转至"主营业务成本"账户,作如下会计分录。

借:主营业务成本　　　　　　　　　　　　　　　　6 000
　　贷:库存商品　　　　　　　　　　　　　　　　　6 000

（2）发生销售退回时,应冲减营业收入,因此,应借记"主营业务收入""应交税费——应交增值税（销项税额）"账户,同时,企业的银行存款减少,贷记"银行存款"账户,作会计分录如下。

借:主营业务收入　　　　　　　　　　　　　　　 10 000
　　应交税费——应交增值税（销项税额）　　　　　1 300
　　贷:银行存款　　　　　　　　　　　　　　　　11 300

冲减当月退回商品的销售成本,从"主营业务成本"账户转入"库存商品"账户,作会计分录如下。

借:库存商品　　　　　　　　　　　　　　　　　　6 000
　　贷:主营业务成本　　　　　　　　　　　　　　　6 000

某公司2019年5月4日销售B商品一批,售价20 000元,增值税额2 600元,成本12 000元。合同规定现金折扣条件为2/10、1/20、$n/30$。买方于5月10日付款。2019年8月20日该批产品因质量严重不合格被退回。

（1）销售商品时,作会计分录如下。

借:应收账款　　　　　　　　　　　　　　　　　22 600
　　贷:主营业务收入　　　　　　　　　　　　　　20 000
　　　　应交税费——应交增值税（销项税额）　　　2 600

结转实现营业收入的成本,应从"库存商品"账户结转至"主营业务成本"账户,作会计分录如下。

借:主营业务成本　　　　　　　　　　　　　　　12 000
　　贷:库存商品　　　　　　　　　　　　　　　　12 000

（2）收到货款时,5月10日付款应享受2%的现金折扣400元（20 000×2%）。因此,这项经济业务使企业银行存款增加,财务费用增加,同时应收账款减少。应借记"银行存款""财务费用"账户,贷记"应收账款"账户,作会计分录如下。

```
借：银行存款                                      22 200
    财务费用                                         400
  贷：应收账款                                    22 600
```
（3）销售退回时：应冲减企业的营业收入，此项经济业务涉及"主营业务收入""应交税费——应交增值税（销项税额）""银行存款""财务费用"账户，作会计分录如下。
```
借：主营业务收入                                  20 000
    应交税费——应交增值税（销项税额）              2 600
  贷：银行存款                                    22 200
      财务费用                                       400
```
发生销售退回时，库存产成品增加，应借记"库存商品"账户，主营业务成本减少，应贷记"主营业务成本"账户，作会计分录如下。
```
借：库存商品                                      12 000
  贷：主营业务成本                                12 000
```

7.6.7 提供劳务收入的核算

提供劳务收入是指企业通过提供劳务而取得的收入。一般按企业与接收劳务方签订的合同或协议约定的金额确定。若存在现金折扣，则在实际发生时计入财务费用。

按提供劳务交易的结果能否可靠计量，分以下两种情况分别加以确认。

（1）交易结果能够可靠计量。这是指在资产负债表日，企业提供劳务的结果（完成程度）能够可靠估计。应采用完工比例法确认提供劳务收入；同时确认与该收入相关的成本。

① 本年应确认的收入计算公式如下。

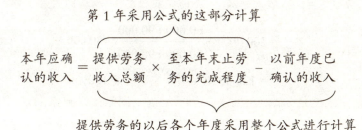

实例1

2019年12月1日,某公司接受一项设备安装劳务,合同约定的安装费总额为200 000元(可实现收入总额)。至2019年12月31日,实际发生安装成本60 000元。估计至设备安装完成,还会发生安装成本90 000元。确认2019年劳务收入如下。

第1年采用公式的这部分计算

$$2020年应确认的收入 = \overbrace{提供劳务收入总额 \times 至本年末止劳务的完成程度} - 以前年度已确认的收入$$

$$= 200\,000 \times \frac{60\,000}{60\,000 + 90\,000} - 0$$

$$= 80\,000(元) - 完成程度40\%$$

实例2

2019年12月1日,某公司接受一项设备安装劳务,合同约定的安装费总额为200 000元。至2019年12月31日,实际发生安装成本60 000元。估计2020年设备安装完成还会发生成本90 000元。确认2020年劳务收入如下。

提供劳务的以后各个年度采用整个公式进行计算

$$2020年劳务收入 = 提供劳务收入总额 \times 至本年末止劳务的完成程度 - 以前年度已确认的收入$$

$$= 200\,000 \times \frac{60\,000 + 90\,000}{60\,000 + 90\,000} - 80\,000$$

$$= 120\,000(元) - 完成程度100\%$$

② 本年应确认的成本计算公式如下。

$$本年应确认的成本 = \underbrace{提供劳务成本总额 \times 至本年末止劳务的完成程度}_{提供劳务的以后各个年度采用整个公式进行计算} - 以前年度已确认的成本$$

实例1 ▶▶▶

2019年12月1日，某公司接受一项设备安装劳务的安装费总额为200 000元。实际发生安装成本2019年为60 000元，估计2020年为90 000元。确认2019年劳务成本如下。

2019年劳务成本：150 000×40%＝60 000（元）。

实例2 ▶▶▶

2019年12月1日，某公司接受一项设备安装劳务的安装费总额为200 000元。实际发生安装成本2019年为60 000元，2020年为92 000元。确认2020年劳务成本如下。

2020年劳务成本：152 000×100%－60 000＝92 000（元）。

实例3 ▶▶▶

2019年12月1日，某公司接受一项设备安装劳务，安装费总额为200 000元，对方预付50%，其余50%待设备验收合格后支付。至2019年12月31日，实际发生安装成本60 000元，其中，支付安装人员工资36 000元，领用库存原材料5 000元，其余均以银行存款支付。估计至设备安装完成，还会发生安装成本90 000元。

（1）预收50%的劳务价款。

借：银行存款　　　　　　　　　　　　　　　　　100 000
　　贷：预收账款　　　　　　　　　　　　　　　　　100 000

（2）支付2019年实际发生的安装成本。

① 借：劳务成本　　　　　　　　　　　　　　　36 000
　　　贷：应付职工薪酬　　　　　　　　　　　　　36 000
② 借：劳务成本　　　　　　　　　　　　　　　 5 000
　　　贷：原材料　　　　　　　　　　　　　　　　 5 000
③ 借：劳务成本　　　　　　　　　　　　　　　19 000
　　　贷：银行存款　　　　　　　　　　　　　　　19 000

（3）按实际发生的成本占估计总成本的比例确定劳务完成程度（40%，前面已计算）。

（4）根据劳务完成程度确认2019年度的劳务收入为80 000元，相关的成本为60 000元（前面已算）。

① 确认2020年收入。
借：预收账款　　　　　　　　　　　　　　　　80 000
　　贷：主营业务收入　　　　　　　　　　　　　80 000
② 结转2020年劳务成本。
借：主营业务成本　　　　　　　　　　　　　　60 000
　　贷：劳务成本　　　　　　　　　　　　　　　60 000

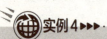

实例4

接上例（2020年的账务处理）。

（1）支付2020年发生的安装成本。

① 借：劳务成本　　　　　　　　　　　　　　　65 000
　　　贷：应付职工薪酬　　　　　　　　　　　　　65 000
② 借：劳务成本　　　　　　　　　　　　　　　 2 000
　　　贷：原材料　　　　　　　　　　　　　　　　 2 000
③ 借：劳务成本　　　　　　　　　　　　　　　25 000
　　　贷：银行存款　　　　　　　　　　　　　　　25 000

（2）确认2020年度的劳务收入120 000元，相关的成本92 000元（前面已算）。

① 借：预收账款　　　　　　　　　　　　　　　120 000
　　　贷：主营业务收入　　　　　　　　　　　　120 000

② 借：主营业务成本　　　　　　　　　　　　92 000
　　贷：劳务成本　　　　　　　　　　　　　　92 000
（3）收取其余50%的劳务价款。
借：银行存款　　　　　　　　　　　　　　　100 000
　　贷：预收账款　　　　　　　　　　　　　　100 000

（2）劳务收入交易结果不能够可靠计量。在资产负债表日，如果提供劳务交易的结果不能可靠估计，企业应当根据资产负债表日已经收回或预计将要收回的款项对已经发生劳务成本的补偿程度，分别以下列情况进行会计处理。

① 如果已经发生的劳务成本预计能够得到补偿，应当按照已经发生的劳务成本金额确认提供劳务收入，并按相同金额结转劳务成本。

② 如果已经发生的劳务成本预计不能得到补偿，应当将已经发生的劳务成本计入当期损益，不确认提供劳务收入。

7.6.8　让渡资产使用权收入的核算

指企业通过让渡资产使用权而取得的收入，如投资收益。

（1）收入项目。企业并不转移资产的所有权，只让渡其使用权而取得的收入，主要包括以下两项。

① 利息收入，是指金融企业存、贷款形成的利息收入以及同业之间发生往来形成的利息收入。

② 使用费收入，是指他人使用本企业无形资产（如商标权、专利权、专营权、软件、版权等）而形成的使用费收入。

（2）让渡资产使用权收入的确认。应当在以下条件均能满足时予以确认。

① 相关的经济利益很可能流入企业。

② 收入的金额能够可靠计量。

（3）让渡资产使用权收入的计量。应按下列方法分别予以计量。

① 利息收入，应按让渡现金使用权的时间和适用利率计算确定。

② 使用费收入，应按有关合同或协议规定的收费时间和方法计算确定。

7.7　成本核算

成本核算就是将企业生产经营过程中所发生的费用，按照一定的对象进行归集和分配，并按各种构成项目计算各对象的总成本和单位成本。

企业在进行成本核算时，一般按图7-5所示程序进行。

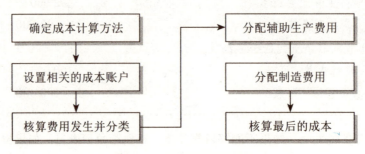

图7-5　产品成本核算程序

7.7.1　确定成本核算方法

开展成本计算之前，必须确定具体的计算方法。常见成本计算方法的适用范围及实施要点如表7-5所示。

表7-5　常见成本计算方法的适用范围及实施要点

方法	适用范围	实施要点
品种法	大批量单步骤生产的企业，如发电、采掘等	（1）按品种设置成本明细账、制造费用明细账 （2）分栏设置成本、费用的账户
分批法	单件和小批量多步骤生产企业，如重型机械、船舶、精密工具、仪器等制造	（1）采用分批法，以产品的生产周期（从生产到完工的整个周期）作为成本计算期，一般不需要在完工产品和在制品之间分配 （2）在做账时，要按不同的批次产品设置产品生产成本和辅助生产成本明细账，并按成本项目分别设栏。按照不同的车间设置各种相关费用明细账
分步法	连续、大量、多步骤生产的企业，如冶金、机械、纺织、造纸等	（1）采用分步法，要按步骤和产品品种设置产品成本明细账目，按成本项目的分类来归集生产费用 （2）在计算成本时通常按照月份计算，而且还要把生产费用在完工产品、在制品和半成品之间进行分配

7.7.2　设置相关的成本账户

为了计算产品的成本，必须要设置好相关的账户。

（1）成本账户。需要设置一个专门的账户，即"生产成本"账户。其借方汇集为生产产品而发生的各种费用，贷方反映产品完工转出的制造成本。

（2）费用账户。由于企业一般都是生产多种产品，因此，直接费用可以直接计入产品成本，而间接费用要先汇总再分配摊入各核算对象。因此，对于费用要设置"制造费用"账户。

（3）支出账户。生产中发生的支出不一定要计入生产成本，支出的期间与成本计算期间可能不一致。支出发生后有两种情况。

① 生产中发生的费用在本期发挥出全部效益，效益不递延到下期。这种情况应把费用直接记入"生产成本"或"制造费用"账户。

② 本期发生的费用支出不应由本期负担。如果是先支出，后计入成本费用，这种情况应设置"待摊费用"账户，支出时借记"待摊费用"账户，分期摊入成本费用时再贷记"待摊费用"账户；反之，则要设置"预提费用"账户，计入当期成本费用时借记有关成本费用账户，贷记"预提费用"账户，支付时再借记"预提费用"账户。

> **温馨提示**
>
> 如果企业生产中容易出现废品和停工，就需要设置"废品损失"和"停工损失"账户，把这些损失汇集到"废品损失"和"停工损失"账户的借方，然后在其贷方做出恰当的处理并转出。如果是正常损失，应分配进入产品成本，否则应转入管理费用或营业外支出。

7.7.3 核算费用并分类

成本计算是一个费用的汇集和分配（摊）的过程，因此必须要核算费用发生并按用途分类。

（1）汇总费用。要对各种费用开支的多少进行合计，必须准确反映本企业在当期到底有哪些开支，开支了哪些费用。

（2）费用分类。对于发生的费用一般按不同的用途进行分类。

① 发生后没有在当期发挥作用，应向后期递延。如预付租金等，应计入待摊费用。

② 开支发生在当期，而其效用发生在上期。如在年初支付上年的全部租金，不能作为当期费用，而应借"预提费用"账户。

③ 开支在本期，效用也在本期的费用要计入当期的成本，并进行分类。一般分为直接材料、人工费用和制造费用三个项目。

7.7.4 分配辅助生产费用

"生产成本"总账下有两个明细账户。

（1）基本生产，用于核算产品的生产成本。

（2）辅助生产，用于核算为生产产品服务的有关生产部门的成本。

辅助生产也是一种生产活动，它为基本生产活动提供必要的产品和劳务，也要消耗各种生产费用，同样要计算产品成本。辅助生产成本的计算需要设置"辅助生产"明细账户，其借方汇集发生的各种费用，其贷方计算辅助生产车间完工的产成品成本，同时转入基本生产明细账。

> **温馨提示**
>
> 辅助生产明细账户由于在期末要转入基本生产明细账，因此一般没有余额。

7.7.5 分配制造费用

产品成本由直接材料、直接人工和制造三部分费用组成，其中发生的直接材料和直接人工费用属于直接费用，直接记入"生产成本"账户，发生的制造费用是间接费用，不直接记入"生产成本"账户，而是先在"制造费用"账户中汇集，然后分别记入"生产成本"账户。

7.7.6 核算最后的成本

通过上述步骤，要将本期发生的全部成本进行核算，具体公式如下。

期初余额＋本期发生的全部生产成本＝期末在制品成本＋产成品成本

产成品成本＝期初余额＋本期发生的全部生产成本－期末在制品成本

产成品成本计算出来后，还要用产成品总成本除以总产量，求得单位成本，这样产品成本核算才全部结束。

如果企业没有在制品，则产成品成本就是生产成本账户的期初余额加上本期发生的全部生产成本的总额。

7.8 无形资产及其他核算

7.8.1 无形资产

无形资产核算的账户为"无形资产",其借方登记无形资产的增加,贷方登记无形资产的减少。

(1) 无形资产的入账价。

① 购入的无形资产,其入账价包括买价及有关费用支出。

② 其他单位投入的无形资产以评估价入账。

③ 自行开发的无形资产以开发过程中的实际成本入账。

新规定:研究阶段的支出计入当期损益(管理费用);开发阶段的支出先归集,再资本化(无形资产);无法区分的计入当期损益(管理费用)。

④ 捐赠的无形资产以评估价或市价入账。

(2) 无形资产增加业务的账务处理。无形资产增加业务的账务处理如表7-6所示。

表7-6 无形资产增加业务的账务处理

序号	业务		账务处理
1	购入无形资产		借:无形资产实际支出 贷:银行存款实际支出
2	自创无形资产	开发期间发生资本化的费用	借:研发实际支出 贷:原材料等实际支出 成功后,申请专利 借:无形资产实际支出 贷:研发支出实际支出 不成功 借:管理费用实际支出 贷:研发支出实际支出
		开发期间发生费用化的费用	借:管理费用实际支出 贷:原材料等实际支出

(3) 无形资产摊销期限的确定。

① 法律和合同中分别规定有有效期限和受益年限的,按孰短原则处理。

② 法律未规定,合同有规定的,按规定的受益年限处理。

③ 法律有规定，合同未规定的，按规定的有效年限处理。
④ 法律和合同均未规定的，不予摊销。
⑤ 当月增加的当月摊销。

> **温馨提示**
>
> 无形资产摊销期限新规定如下。
> （1）摊销方法除可以用直线法外，还可以用年数总和法。
> （2）一般无形资产摊销计入管理费用，出租的无形资产计入其他业务成本，产品生产专用的无形资产计入制造费用。
> （3）摊销时不直接冲减无形资产，计入累计摊销科目。

（4）无形资产减少业务的账务处理。无形资产减少业务的账务处理如表7-7所示。

表7-7　无形资产减少业务的账务处理

序号	业务		账务处理	
1	无形资产摊销		借：管理费用等 　贷：累计摊销	摊销额 摊销额
2	无形资产转让	无形资产所有权转让	（1）取得收入 借：银行存款 　贷：其他业务收入 （2）结转成本 借：累计摊销账 　　其他业务支出 　贷：无形资产账 （3）计算税金 借：其他业务支出 　贷：应交税金	实际金额 实际金额 面值 面值
		无形资产使用权转让	（1）取得收入 借：银行存款 　贷：其他业务收入 （2）结转成本 借：其他业务支出 　贷：银行存款等	实际金额 实际金额 实际金额 实际金额

7.8.2 其他资产业务的核算

（1）其他资产的类型

① 长期待摊费用是指摊销期在1年以上的资本性支出，包括大修理支出、开办费、经营性租入固定资产改良支出等。

长期待摊费用核算的账户为"长期待摊费用"，借方登记长期待摊费用的增加，贷方登记长期待摊费用的减少。

② 企业筹建期间发生的与固定资产有关的费用支出不应计入开办费，应计入固定资产成本；开办费从开始经营月份的当月起，一次计入开始生产经营当月的损益。

③ 经营性租入固定资产改良支出应在租赁期内平均摊销。

大修理支出应在下一次大修理之间平均摊销。

（2）长期待摊费用业务的账务处理。

① 发生有关费用时。

借：长期待摊费用　　　　　　　实际支出
　　贷：应付员工薪酬等　　　　　实际支出

② 长期待摊费用摊销时。

借：管理费用　　　　　　　　　摊销额
　　贷：长期待摊费用　　　　　　摊销额

7.9 所有者权益核算

7.9.1 实收资本核算

企业要建立"实收资本"总账，并分别设置各种明细账户。

（1）实收现金。如果实收资本是现金，则以实际收到的或者存入企业开户银行的金额，借记"银行存款"科目，按投资者应享有企业注册资本的份额计算的金额，贷记"实收资本"科目，按其差额，贷记"资本公积——资本溢价"科目。

（2）实收非现金。如果以非现金资产投入的资本，应按投资各方确认的价值，借记有关资产科目，按投资者应享有企业注册资本的份额计算的金额，贷记"实收资本"科目，按其差额，贷记"资本公积——资本溢价"科目。

（3）减资。企业按照法定程序报经批准减少注册资本的，借记"实收资本"科目，贷记"库存现金""银行存款"等科目。

实例

A企业注册资本为100 000元。该企业收到B投入的现金100 000元，并全部存入开户银行。投资者投入设备一台，设备双方确认的价值为200 000元，B在该企业注册资本的份额为150 000元。

根据上述业务编制如下会计分录。

借：银行存款　　　　　　　　　　　　　　100 000
　　固定资产　　　　　　　　　　　　　　200 000
　贷：实收资本——投资者A　　　　　　　100 000
　　　　　　　——投资者B　　　　　　　150 000
　　　资本公积——资本溢价　　　　　　　　5 000

7.9.2 资本公积核算

资本公积是指企业在经营过程中由于接受捐赠、股本溢价以及法定财产重估增值等原因所形成的公积。资本公积是与企业收益无关而与资本相关的贷项。

（1）资本溢价的核算。企业接受投资者投入资产的金额超过投资者在企业注册资本中所占份额的部分，通过"资本公积——资本溢价"科目核算。

（2）股本溢价的核算。股份有限公司发行股票收到现金资产时，借记"银行存款"等科目，按每股股票面值和发行股份总额的乘积计算的金额，贷记"股本"科目，实际收到的金额与该股本之间的差额贷记"资本公积——股本溢价"科目。

 温馨提示

股份有限公司发行股票发生的手续费等交易费用，如果溢价发行股票的，应从溢价中抵扣，冲减资本公积（股本溢价）。无溢价发行股票或溢价金额不足以抵扣的，应将不足抵扣的部分冲减盈余公积和未分配利润。

 实例

A股份有限公司首次公开发行了普通股50 000 000股，每股面值1元，每股发行价格为4元。A公司以银行存款支付发行手续费、咨询费等费用共计6 000 000元。假设发行收入已全部收到，发行费用已全部支付，不考虑其他因素，B公司的会计处理如下。

（1）收到发行收入时。

借：银行存款　　　　　　　　　　　　200 000 000
　　贷：股本　　　　　　　　　　　　　　50 000 000
　　　　资本公积——股本溢价　　　　　 150 000 000
　　应增加的资本公积＝50 000 000×（4-1）＝150 000 000（元）
（2）支付发行费用时。

借：资本公积——股本溢价　　　　　　　6 000 000
　　贷：银行存款　　　　　　　　　　　　6 000 000

（3）其他资本公积的核算。其他资本公积是除资本溢价（或股本溢价）项目以外所形成的资本公积，包括资产评估增值、接受捐赠资产价值、拨款转入等。

企业对被投资者长期股权投资采用权益法核算的，在持股比例不变的情况下，对因被投资者除净损益以外的所有者权益的其他变动，如果是利得，则应按持股比例计算其应享有被投资企业所有者权益的增加数额；如果是损失，则作相反的分录。在处置长期股权投资时，应转销与该笔投资相关的其他资本公积。

（4）资本公积转增资本的核算。经股东大会决议，用资本公积转增资本时，应冲减资本公积。按转增的金额，借记"资本公积"科目，贷记"实收资本"科目。

7.9.3 盈余公积核算

盈余公积是指公司按照规定从净利润中提取的各种公积，包括法定盈余公积和任意盈余公积。在进行盈余公积核算时，应设置"盈余公积"的总账和"法定盈余公积""任意盈余公积""法定公益金"等明细账。具体的核算如表7-8所示。

表7-8　盈余公积核算

序号	事项	核算要点
1	提取盈余公积	借记"利润分配——提取盈余公积"账户，贷记"盈余公积"账户
2	盈余公积金弥补亏损	借记"盈余公积"账户，贷记"利润分配——盈余公积转入"账户
3	盈余公积转增资本	借记"盈余公积"账户，贷记"实收资本"账户

7.10 利润核算

7.10.1 本年利润的核算

本年利润的核算分四步进行，如图7-6所示。

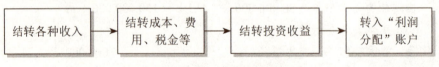

图7-6 本年利润的核算步骤

（1）结转各种收入。期末结转利润时，应将主营业务收入、其他业务收入、营业外收入等账户的余额转入本年利润账户，登账时进行如下记录。

借：主营业务收入
　　其他业务收入
　　营业外收入
贷：本年利润

（2）结转成本、费用、税金等。将主营业务成本、管理费用、财务费用、营业税金及附加、营业外支出等账户的期末余额转入本年利润账户，登账时进行如下记录。

借：本年利润
贷：主营业务成本
　　主营业务税金及附加
　　其他业务成本
　　销售费用
　　管理费用
　　财务费用
　　营业外支出

（3）结转投资收益。将投资收益账户的净收益转入本年利润账户，登账时进行如下记录。

借：投资收益
贷：本年利润

如果是投资损失，则做完全相反的记录。

（4）转入"利润分配"账户。年度终了，将本年的收入和支出相抵后结出的本年实现的净利润全部转入"利润分配"账户。结转后的"本年利润"账户没有余额。登账时进行如下记录。

借：本年利润
贷：利润分配——未分配利润

7.10.2　利润分配核算

（1）利润分配顺序。利润分配要根据相关法规规定的顺序进行。

① 被没收的财务损失、支付各项税收的滞纳金和罚款。

② 弥补企业以前年度亏损，即弥补超过用所得税的利润抵补期限，按规定用税后利润弥补的亏损。

③ 提取法定盈余公积金，即按税后利润扣除前两项后的10%提取法定盈余公积金。盈余公积金已达注册资金的50%时可不再提取。

④ 提取公益金。

⑤ 向投资者分配利润。

（2）利润分配的核算要点。

① 分配股利。在计算分配给股东的股息或利息时，借记"利润分配——应付优先股股息"和"利润分配——应付普通股股息"，贷记"应付股利"。

② 调整利润分配。根据股东大会的决议，批准调整增加的利润分配时，借记"利润分配——未分配利润"，贷记"盈余公积"。

如果是调整减少的利润分配，则刚好与增加的分配记录相反。

③ 分配股利或转增资本。借记"利润分配——转增资本的股利"，贷记"实收资本"和"资本公积——股本溢价"。

年度终了，除了"未分配利润"明细账外，"利润分配"账户中的其他明细科目应该都没有余额。

某企业本年利润100 000元，提取盈余公积20 000元，上年结转的未分配利润为50 000元，本年应付利润60 000元。通过计算可知，本年的可分配利润为130 000元。本年的未分配利润为70 000元。据此登账时进行如下记录。

（1）结转全年的利润总额。

借：本年利润　　　　　　　　　　　　　　　　100 000
　　贷：利润分配——未分配利润　　　　　　　　　　100 000

（2）将"利润分配"下的其他明细账余额转入"利润分配——未分配利润"账户。

　　借：利润分配——未分配利润　　　　　　　　　　　70 000
　　　贷：利润分配——提取盈余公积　　　　　　　　　20 000
　　　　　利润分配——应付利润　　　　　　　　　　　50 000

第 8 章

结账、对账及更正错账

在会计的日常工作中，对账、结账和错账更正是一项重要的工作。会计人员只有做好该工作，才能保证各种账目的准确、真实，为编制财务报表提供准确的数据资料。

8.1 结账

结账，是在把一定时期内发生的全部经济业务登记入账的基础上，计算并记录本期发生额和期末余额。

8.1.1 结账方式

依据不同的结账时间，结账方式主要包括定期结账和不定期结账。定期结账是依据一定的时间段如月度、季度、年度等进行的结算。不定期结账主要针对一些需要及时清理结算的账务，如各种日记账要按日结出余额。

8.1.2 结账程序

虽然结账的期限有所不同，但是结账时应按照图8-1所示一般的程序进行。

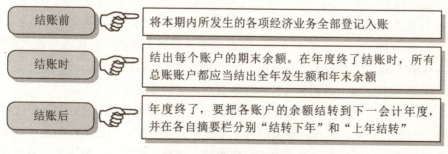

图8-1 结账的一般程序

8.1.3 结账方法

（1）日结。现金、银行存款日记账要按日结出余额，可自然进行，也可逐笔结出余额，每日的最后一笔应自然结出当日余额，不必另起一行。最后一笔记录下面要画一道通栏红线，并在下一行的摘要栏中用红字居中书写"本月合计"，同时在该行结出本月发生额合计及余额，然后在"本月合计"行下面再画一条通栏红线。

（2）月结。月结的主要操作程序如图8-2所示。

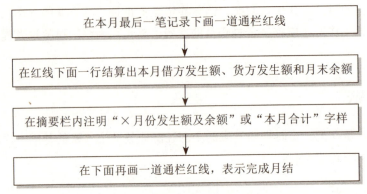

图8-2 月结的主要操作流程

> **温馨提示**
>
> 对于需要逐月结转新发生额的账户，在计算本月发生额及期末余额后，还应在下一行增加"本年累计发生额"，然后在数字下面画一道红线。

（3）季结。很多企业在每个季度末时也会对各种账户进行结账处理，具体的操作要点如下。

① 在本季度最后一个月的月结下面画一道通栏红线，表示本季业务结束。

② 在红线下结算出本季度借、贷方发生额和季末余额，并在该行的"摘要"栏内注明"第×季度发生额及余额"或"本季合计"字样。

③ 再在其下画一道通栏红线，表示完成本季的季结工作。

（4）年结。根据相关财会法规的规定，会计年度自公历1月1日起至12月31日止。因此，企业在年终时都要进行年度结账。年结时，应在第四季度"本季合计"的下面画一道通栏红线，表示年度终了；然后，在下一行把全年的发生额合计数和余额填写出来，在"摘要"栏内注明"年度发生额及余额"或"本年合计"字样，并在数字下端画双红线，表示"封账"。

> **温馨提示**
>
> 企业如果没有季结而直接进行年度结账，要在每月月结后再移下一行，在摘要栏写"本年累计"，结出自年初至本页末止的累计发生额，在累计数下面再画一条红线。年末，累计数应为全年的累计数。累计数下面要画两条红线，与各月份的累计相区别。

8.2 对账

对账就是核对账目，即对账簿所记录的各种数据进行检查核对，确保会计记录的真实可靠。主要包括账证核对、账账核对、账实核对和账表核对。

8.2.1 账证核对

账证核对是将账簿记录与相关的原始凭证或记账凭证进行核对。核对时，将凭证与账簿记录的时间、数量、金额、会计科目、记账方向等相互核对，保证两者相符。对账的方法主要有以下几种。

（1）核对总账与记账凭证汇总表是否相符。
（2）核对记账凭证汇总表与记账凭证是否相符。
（3）核对明细账与记账凭证和所涉及的支票号码及其他结算票据种类等是否相符。

8.2.2 账账核对

账账核对，就是在账证核对的基础上，对有关账簿进行互相核对。具体的对账内容如表8-1所示。

表8-1 账账核对内容

序号	对账内容	具体要求
1	总账之间	（1）核对总账中各种账户的余额合计数是否一致 （2）核对总账中各账户的借方发生额与贷方发生额是否一致
2	总账与明细账	（1）核对总账发生额与明细账的发生额总数是否相等 （2）核对总账与明细账各账户的期初、期末余额是否相等
3	总账与日记账	现金、银行存款日记账余额应该同总账中有关账户的余额定期核对相符
4	财务账与其他部门的账、卡	核对财务部门的有关财产、物资的明细账的余额与相关的保管、使用部门管理的明细记录的账、卡余额是否一致相符

> **温馨提示**
>
> 各种有关债权、债务的明细账也要定期与相关的债务、债权人核对。

8.2.3 账实核对

账实核对是对各种财产物资的账面余额与实存数额进行的核对。具体的核对内容如下。

（1）核对现金日记账的账面余额与库存现金的实存数。发生长、短款时，应即列作"待处理财产损溢"，待查明原因并经批准后再进行处理。

（2）核对银行存款日记账余额与开户银行对账单。每收到一张对账单，要在3日内核对完毕，每月编制一次银行存款余款调节表。

（3）核对各种财产明细账的余额与具体的实存数额。

（4）核对各种应收、应付账款等明细账的余额与对应的债务、债权企业或者个人。

8.2.4 账表核对

账表核对是对会计账簿的记录与会计报表有关内容的核对。由于会计报表是基于各种会计账簿及相关资料编制而成的，因此，进行账表核对、检查具体的数据是否完全一致也是重要的对账工作。

 相关链接

查找错账的方法

会计在对账时，要重点对各种账户的记录进行核对，必须使用各种常见的查账方法。

一、差额法

根据错账的差额数，查找所登记的会计账簿、凭证中是否有与错账相同的数字。通过差额的多少可以对简单的漏记、重记进行查找。

二、顺查法

顺查法是按照记账的顺序，从原始凭证、账簿、编制会计报表全部过程中进行查找的一种方法。即首先检查记账凭证与原始凭证的内容、金额等是否一致，再将记账凭证依次与各种日记账、明细账、总分类账逐笔进行核对。最后将其与会计报表进行核对结算。

这种检查方法，可以发现重记、漏记、错记科目、错记金额等，主要优点在于结果精确、方法简单。但是，查找起来费时费力，且不便于进行专项查账或按业务进行查账分工。

三、逆查法

逆查法又称倒查法，与顺查法相反，是从审阅、分析报表着手，根据发现的问题和疑点，确定查找重点，再核对有关的账簿和凭证。

这种检查方法比顺查法的查找范围小，而且有一定的核查重点，能够节约查账的时间和精力。但是，由于逆查法不进行全面而有系统的检查，因此很难保证错账的查找准确度，不能完全揭露会计的舞弊行为。如果查账人员经验不足，可能出现较多的失误。

四、偶合法

偶合法是根据账簿记录差错中经常遇见的规律，推测与差错有关的记录而进行查找的一种方法。这种方法主要适用于漏记、重记、错记的查找。

（一）漏记的查找

1. 总账一方漏记

在试算平衡时，借贷双方发生额不平衡，出现差错，在总账与明细账核对时，会发现某一总账所属明细账的借（或贷）方发生额合计数大于总账的借（或贷）方发生额；也出现一个差额，这两个差额正好相等。而且在总账与明细账中有与这个差额相等的发生额，这说明总账一方的借（或贷）漏记，借方或贷方哪一方的数额小，漏记就在哪一方。

2. 明细账一方漏记

这可在总账与明细账核对时可以发现。总账已经试算平衡，但在进行总账与明细账核对时，发现某一总账借（或贷）方发生额大于其所属各明细账借（或贷）发生额之和，说明明细账一方可能漏记，可对该明细账的有关凭证进行查对。

3. 整张记账凭证漏记

如果整张的记账凭证漏记，则没有明显的错误特征，只有通过顺查法或逆查法逐笔查找。

（二）重记的查找

1.总账一方重记

在试算平衡时，借贷双方发生额不平衡，出现差错；在总账与明细账核对时，会发现某一总账所属明细账的借（或贷）方发生额合计数小于该总账的借（或贷）方发生额，也出现一个差额，这两个差额正好相等，而且在总账与明细账中有与这个差额相等的发生额记录，说明总账借（或贷）方重记，借方或贷方哪一方的数额大，重记就在哪一方。

2.明细账一方重记

如果明细账一方重记，在总账与明细账核对时可以发现。总账已经试算平衡，与明细账核对时，某一总账借（或贷）方发生额小于其所属明细账借（或贷）方发生额之和，则可能是明细账一方重记，可对与该明细账有关的记账凭证查对。

3.整张记账凭证重记

如果整张的记账凭证重记，则没有明显的错误特征，只能用顺查法或逆查法逐笔查找。

（三）记反账的查找

记反账是指在记账时把发生额的方向弄错，将借方发生额记入贷方，或者将贷方发生额记入借方。总账一方记反账，则在试算平衡时发现借贷双方发生不平衡，出现差额。这个差额是偶数，能被2整除，所得的商数则在账簿上有记录，如果借方大于贷方，则说明将贷方错记为借方；反之，则说明将借方错记为贷方。如果明细账记反了，而总账记录正确，则总账发生额试算是正确的，可用总账与明细账核对的方法查找。

8.3　更正错账

会计在日常记账中，如果出现错误的记录，要按照规定的方法进行更正。此外，在对账后发现的账簿记录错误也要及时更正。

8.3.1 画线更正法

在登记账簿过程中，如发现文字或数字记错时，可采用画线更正法进行更正。即先在错误的文字数字上画一条红线注销，然后在红线上方空白处填写正确的记录。在画线时必须注意使原来的错误字迹仍可辨认。更正后，要在画线的一端盖章，以示负责。

> **温馨提示**
>
> 在画线时，如果是文字错误，可只画销错误部分；如果是数字错误，应将全部数字画销，不得只画销错误数字。

结账前，发现账簿中的 1 808 元误记为 1 880 元，更正时，首先将 1 880 全部用红线画掉，然后在红线上方空白处用蓝字记上 1 808，并盖章。如图 8-3 所示。

```
1 808
1 880              （会计盖章）
```

图 8-3　画线更正示意图

8.3.2 红字更正法

在记账以后，如果在当年内发现记账凭证的会计科目或金额发生错误，可以使用红字更正法更正。如果发现以前年度记账凭证中有错误（指科目和金额）并导致账簿登记错误的，应当用蓝字填制一张更正的记账凭证，更正由于记账错误对利润产生的影响。

（1）会计科目有误。具体操作时，先用红字填制一张与原错误完全相同的记账凭证，据以用红字登记入账，冲销原有的错误记录；同时再用蓝字填制一张正确的记账凭证，注明"更正××××年×月×日×号记账凭证"，据以登记入账。

> **温馨提示**
>
> 在记账凭证中，只有实记金额大于应记金额时，才使用红字更正法，否则就应使用补充登记法。

实例

企业购入原材料花费10 000元，用银行存款支付。在记账时误记为以下会计分录，已经登记入账。

借：管理费用　　　　　　　　　　　　　　　　10 000
　　贷：银行存款　　　　　　　　　　　　　　　　10 000

发现错误后，先用红字填制一张与原记账凭证一样的凭证，并据以用红字登记入账，以冲销原有的账簿记录。

借：管理费用　　　　　　　　　　　　　　　　10 000
　　贷：银行存款　　　　　　　　　　　　　　　　10 000

然后用蓝字填制一张正确的记账凭证，并在摘要栏中注明"更正××××年×月×日×号记账凭证"。

借：原材料　　　　　　　　　　　　　　　　　10 000
　　贷：银行存款　　　　　　　　　　　　　　　　10 000

（2）金额错误。金额错误时的更正与会计科目的更正稍有不同，在更正时，只需将多记金额用红字填制一张与原记账凭证科目、方向相同的凭证，并在摘要栏内注明"冲销××××年×月×日×号记账凭证多记金额"，然后据以登记入账。

 实例

企业购入原材料花费1 000元，用现金支付。在记账时误记为以下会计分录，已经登记入账。

借：原材料　　　　　　　　　　　　　　　　　10 000
　　贷：现金　　　　　　　　　　　　　　　　　　10 000

发现错误后，用红字将多记金额编制记账凭证，在摘要栏内注明"冲销××××年×月×日×号记账凭证多记金额"，然后登记入账。

借：原材料　　　　　　　　　　　　　　　　　 9 000
　　贷：现金　　　　　　　　　　　　　　　　　　 9 000

8.3.3　补充登记法

在记账以后，发现记账凭证中的会计科目没有错误，但是填写的金额小于实际金额时，可采用补充登记法进行更正。更正时，可将少记数额用蓝字填制一张记账凭证，并在摘要栏注明"补充××××年×月×日×号记账凭证少记金额"，然后补充登记入账。

 实例▶▶▶

某企业通过开户银行收到某购货单位偿还的前欠货款18 600元，在填制记账凭证时，将金额误记为16 800元，少记了1 800元，并已登记入账。

借：银行存款　　　　　　　　　　　　　　16 800
　贷：应收账款　　　　　　　　　　　　　　16 800

更正时，应将少记的1 800元用蓝字填制一张记账凭证，并登记入账。补充更正的会计分录如下。

借：银行存款　　　　　　　　　　　　　　1 800
　贷：应收账款　　　　　　　　　　　　　　1 800

根据这一记账凭证登记入账后，使"银行存款"和"应收账款"两科目的原来错误都得到了更正。

8.3.4 选择更正法

以上三种更正方法各有各的使用范围，会计在错账处理时要进行正确选择。红字更正法和补充登记法都是用来更正因记账错误而产生的记账差错。如果记账凭证无错，只是登记入账时发生误记，这种非因记账凭证误记的差错，无论什么时候发现都不能用这两种方法更正，只能使用画线更正法进行更正。

第 9 章 税务会计事务处理

9.1 收集最新财税信息

税务信息收集主要是指企业外部的税务信息收集工作。通常情况下,会计人员可以通过以下途径收集最新税务信息,如图9-1所示。

途径一	通过税务机关获取免费的税务法规及税收政策信息
途径二	通过政府网站、政策公告等获取最新税收政策优惠信息
途径三	通过订购税务专业刊物或出版物获取税务处理方法、案例及其他动态信息
途径四	通过报刊获取各类综合信息和动态信息
途径五	通过与税务、审计等中介机构合作获取有关内部信息
途径六	通过专门的税务咨询网站获取所需的各类信息等

图9-1 收集最新税务信息的途径

9.2 税务发票的认购

发票是一切单位和个人在购销商品、提供或接受服务以及从事其他经营活动中所开具和收取的业务凭证,会计核算的原始依据也是审计机关、税务机关执法检查的重要依据。企业要领发票、开发票,同时也会从其他单位收取发票,因此对税务发票的管理范围很广泛。

9.2.1 发票种类

目前发票主要包括以下五个票种。

（1）增值税专用发票，是增值税一般纳税人销售货物或者提供应税劳务开具的发票，是购买方支付增值税额并可按照增值税有关规定据以抵扣增值税进项税额的凭证。

（2）增值税普通发票（含电子普通发票、卷式发票、通行费发票），是增值税纳税人销售货物或者提供应税劳务、服务时，通过增值税税控系统开具的普通发票。

（3）机动车销售统一发票，凡从事机动车零售业务的单位和个人，从2006年8月1日起，在销售机动车（不包括销售旧机动车）收取款项时开具的发票。

（4）二手车销售统一发票，二手车经销企业、经纪机构和拍卖企业，在销售、中介和拍卖二手车收取款项时，通过开票软件开具的发票。

（5）货物运输业增值税专用发票，是增值税一般纳税人提供货物运输服务（暂不包括铁路运输服务）开具的专用发票，其法律效力、基本用途、基本使用规定及安全管理要求等与现有增值税专用发票一致。

增值税专用发票不仅是购销双方收付款的凭证，而且还可以用作购买方（增值税一般纳税人）扣除增值税的凭证，因此不仅具有商务凭证的作用，而且具备完税凭证的作用，而增值税普通发票除税法规定的经营项目外都不能抵扣进项税。

9.2.2 第一次购领税务发票

第一次购领税务发票前，要到主管税务局找专管员办理行政许可。行政许可办理完毕后，专管员进行行政审批和发票核定。纳税人找到税控厂商购买国标税控机，然后由厂商安装好相关税控机后，再到税务所购票。

第一次购领税务发票要携带税务登记证副本、单位的公章、购票审批表。如果是机打发票，则要携带税控商装机器的回单和税控IC卡。

9.2.3 电子税务发票领用

（1）发票验旧。领票人登录12366电子税务局（以公司身份进入），点击【办税服务】→【发票办理】→【发票验旧】。增值税专票、普票验旧。进入发票验旧页面后，将页面拉至最下方，点击【获取防伪税控开具信息】→勾选全部发票→点击保存。

（2）发票领用。领票人登录12366电子税务局（以公司身份进入），点击【办税服务】→【发票办理】→【发票领用】。

方法一：自助办税端ARM机领票。

进入发票领用页面后，选择发票种类、可购数量、申请数量，选择【ARM机领票】，点击申请后，将验证码记录下来。凭验证码、纳税人识别号、领票人身份证在任一国税办税厅ARM机上领购发票。

方法二：邮递领用。

进入发票领用页面后，选择发票种类、可购数量、申请数量，选择【邮递领用】→【确定接受协议书】→【选择联系地址】→【申请】，网上支付邮寄费用。

(3) 发票电子数据下载（开票计算机操作）。

① 税控盘进入开票软件→【发票管理】→【发票领购管理】→【网络发票分发】→【查询】（核对ARM机领票的发票代码、号码、份数）→【分发】。

② 金税盘进入开票软件→【发票领购管理】→【网上领票管理】→【领用发票】→【查询】（核对ARM机领票的发票代码、号码、份数）→【发票下载】，可在发票库存中查询是否有此段号码发票。

9.3 税务发票的开具

9.3.1 增值税专用发票开具

(1) 增值税专用发票应按下列要求开具。

① 项目齐全，与实际交易相符。

② 字迹清楚，不得压线、错格。

③ 发票联和抵扣联加盖发票专用章。

④ 按照增值税纳税义务的发生时间开具。

不符合上列要求的增值税专用发票，购买方有权拒收。

(2) 一般纳税人销售货物、提供加工修理修配劳务和发生应税行为可汇总开具增值税专用发票。汇总开具增值税专用发票的，同时使用增值税发票开票软件开具"销售货物或者提供应税劳务清单"，并加盖发票专用章。

(3) 属于下列情形之一的，不得开具增值税专用发票。

① 向消费者个人销售货物、提供应税劳务或者发生应税行为的。

② 销售货物、提供应税劳务或者发生应税行为适用增值税免税规定的，法律、法规及国家税务总局另有规定的除外。

③ 部分适用增值税简易征收政策规定的：增值税一般纳税人的单采血浆站销售非临床用人体血液选择简易计税；纳税人销售旧货，按简易办法依3%征收

率减按2%征收增值税的;纳税人销售自己使用过的固定资产,适用按简易办法依3%征收率减按2%征收增值税政策的。

纳税人销售自己使用过的固定资产,适用简易办法依照3%征收率减按2%征收增值税政策的,可以放弃减税,按照简易办法依照3%征收率缴纳增值税,并可以开具增值税专用发票。

(4)纳税人在开具增值税专用发票当月,发生销货退回、开票有误等情形,收到退回的发票联、抵扣联符合作废条件的,按作废处理;开具时发现有误的,可即时作废。

作废增值税专用发票须在增值税发票开票软件中将相应的数据电文按"作废"处理,在纸质增值税专用发票(含未打印的增值税专用发票)各联次上注明"作废"字样,全联次留存。

同时具有下列情形的,为本条所称作废条件。

① 收到退回的发票联、抵扣联,且时间未超过销售方开票当月。

② 销售方未抄税且未记账。

③ 购买方未认证,或者认证结果为"纳税人识别号认证不符""增值税专用发票代码、号码认证不符"。

9.3.2 代开发票

代开发票是指由税务机关根据收款方(或提供劳务服务方)的申请,依照法规、规章以及其他规范性文件的规定,代为向付款方(或接受劳务服务方)开具发票的行为。

(1)如何代开普通发票。临时从事生产经营活动的纳税人发生属增值税、消费税应税项目的业务,可向所在地国税机关申请代开普通发票,并按规定缴纳税款和发票工本费。

到税务机关代开普通发票必须提供的证明资料如下。

① 代开发票申请表由税务机关提供,申请人负责填写。

② 申请代开普通发票的单位经办人、个人(收款方)的合法身份证件(原件及复印件)。

③ 付款方(或接受劳务服务方)对所购物品(或接受劳务服务的项目)出具的书面确认证明[个人小额销售货物或应税劳务收入在200元(不含200元)以下的除外]。书面证明中必须载明收款方经营行为(或劳务服务)发生的地点、货物品名(或劳务服务项目)、单价、数量、金额,以及单位名称、地址、联系电话和

联系人等内容，并加盖单位公章（付款方为个人的，以签章确认）。

视不同情况提供的证明资料不同。

① 自产自销的免税农产品，须提供农产品产地村委会（或居委会）出具的"自产自销证明"。"自产自销证明"必须载明农产品种植（养殖）的品种、面积、数量、金额等内容。

② 申请代开普通发票金额较大的，每次在5万元以上（含5万元），应提供进货发票（原件及复印件）或与当次经营活动相关的购销合同（原件和复印件）。

（2）如何代开增值税专用发票。增值税小规模纳税人需要代开增值税专用发票时，可向主管税务机关申请代开。办理时要准备的资料如下。

① 代开发票的审批表（需要对方的信息，如企业名称、税号、地址、电话、开户银行和账号，还有税款的计算）。

② 营业执照副本原件及复印件。

③ 税务登记副本原件及复印件（如果对方为外地单位，还需要提供对方的税务登记证复印件）。

④ 双方购销合同或协议书原件及复印件。

⑤ 税票原件及复印件（因为代开发票需要先预缴税款）。

⑥ 发票专用章（如果是从银行划税，还需要财务专用章和名章）。

如果是现金交税，纳税人带现金然后缴纳税款，税务局会按企业填写的审批表上的金额开具缴款书，据此去银行缴纳完增值税后带着税票再回到税务局即可开具增值税发票。

9.3.3 开具红字发票

红字发票由销售方开具，购买方是开不了的，购买方可以申请开具红字发票，审核通过以后还是销售方开发票。

（1）购货方已认证由购货方填写申请单。

① 认证通过。

a. 向主管税务机关填写申请，税务机关返回通知单（一式三联，一联购货方留存，一联由购货方给销货方，一联税务留存）。

b. 将通知单交给销货方，根据销货方的红字发票和通知单做进项税额转出。

② 认证结果为"纳税人识别号认证不符""专用发票代码、号码认证不符"。

a. "开具红字申请单"时应填写相对应的蓝字专用发票信息。

b. 将通知单交给销货方，进项税不得抵扣，也不做进项税额转出。

③ 购买方未认证且所购货物不属于增值税扣税项目范围，由购货方填写申请单。

在申请单上填写具体原因以及相对应蓝字专用发票的信息，主管税务机关审核后出具通知单。购买方不做进项税额转出处理。

（2）购货方未认证，由销售方填写申请单。由销货方申请开具负数发票的情况（前提是发票未认证，发票在180天的认证期内），具体情况如下。

① 因开票有误，购买方拒收专用发票的，销售方须在专用发票认证期限内向主管税务机关填报申请单，并在申请单上填写具体原因以及相对应蓝字专用发票的信息。

② 因开票有误等原因尚未将专用发票交付购买方的，销售方须在开具有误专用发票的次月内向主管税务机关填报申请单，并在申请单上填写具体原因以及相对应蓝字专用发票的信息，同时提供由销售方出具的写明具体理由、错误具体项目以及正确内容的书面材料。

③ 发生销货退回或销售折让的，除按照主管税务机关审核确认后出具的通知单的规定进行处理外，销售方还应在开具红字专用发票后将该笔业务的相应记账凭证复印件报送主管税务机关备案。

销售方须在专用发票认证期限内向主管税务机关填报申请单，在申请单上填写具体原因以及相对应蓝字专用发票的信息，同时提供由购买方出具的写明拒收理由、具体错误项目以及正确内容的书面材料，主管税务机关审核确认后出具通知单。销售方凭通知单开具红字专用发票。

（3）如何开具红字专用发票通知单。

① 在开票系统里开具。在开票系统里面有一个栏目可以开具红字发票，先在开票系统中填写红字申请单，填好后保存，打印两份盖上本单位财务章，并从开票系统中导出电子版的申请单，保存在U盘里，和其他资料一同带到税务局。

税务局在核对完所有资料后，会同样给一份电子版的红字发票通知单，带回通知单后导入开票系统就能开出红字增值税发票。

② 购买方到主管税务机关申请"开具红字增值税专用发票申请单"。

a.购买方已经"认证相符"，并且已经抵扣了增值税，需要到主管税务机关填报"开具红字增值税专用发票申请单"，不需要填写对应的蓝字增值税专用发票信息。

经主管税务机关审核确认后，出具"开具红字增值税专用发票通知单"，据此所列的增值税税额，从购买方的当期进项税额中转出。

购买方取得红字专用发票后，连同留存的"开具红字增值税专用发票通知单"

一起作为记账凭证。

b.增值税专用发票为"纳税人识别号认证不符""专用发票代码、号码认证不符"的,在向主管税务机关填报"开具红字增值税专用发票申请单"时,需要填写相对应的蓝字增值税专用发票的信息,经主管税务机关审核确认后,出具"开具红字增值税专用发票通知单",此时作为购买方由于增值税专用发票在系统中未认证过,所以购买方不需要进行进项税转出。

9.4 电子发票的申请与开具

增值税电子普通发票(简称电子发票),是指通过增值税发票系统升级版开具、上传,通过电子发票服务平台查询、下载的电子增值税普通发票。电子发票作为合法有效的凭证,法律效力、基本用途、基本使用规定等与税务机关监制的纸质增值税普通发票相同。区别于传统纸质发票,是在原有加密防伪措施上,使用数字证书进行电子签章后供购买方下载使用。

9.4.1 电子发票的申请流程

电子发票的申请流程如图9-2所示。

步骤一	增值税电子发票票种核定。建议网上受理,若前台申请需提供纸质资料,包括税务登记证副本、经办人身份证原件及复印件、"发票事项办理表"(纳税人按实际需求量在"增值税电子普通发票"栏填写开票限额和月用票量)
步骤二	携带税控设备到服务单位发行。为更好地后续跟踪服务,原则上发行电子发票的服务单位和升级版服务单位应一致。携带资料包括公章、发票专用章、金税盘(税控盘)、发票购领簿
步骤三	携带税控设备到主管税务机关的发行窗口进行发行
步骤四	服务单位安装和调试
步骤五	增值税电子发票领用。网上领票:在网上办税大厅提交申请后,税务机关受理并发售成功,纳税人可使用税控设备登录开票系统联网下载发票数据,即可自行开具增值税电子发票

图9-2 电子发票的申请流程

9.4.2 如何在网上申请和开具电子发票

电子发票的申领、开具、流转、查验都可以通过税务机关统一的电子发票管理系统在互联网上进行,发票开具更快捷、查询更方便。

(1)纳税人在××省电子税务局提出申请。纳税人登录"××省电子税务局",点击"我要办税",进入"发票使用"模块,选择"发票票种核定"中的"普通发票核定",填制"纳税人领用发票票种核定表",点击提交即可。

(2)税务机关受理确认。主管税务机关受理纳税人填报的"纳税人领用发票票种核定表"进行审核确认,完成发票票种核定、税控设备初始化发行等工作。待税务局审核确认完成后,纳税人可在"发票领用"模块申请领用电子发票。审批完成后,纳税人即可以开具电子发票。

(3)用票量大的企业可选用服务器版税控开票系统开具电子发票;用票量小的企业可使用单机版税控开票系统开具电子发票,并生成电子数据。

(4)开票方开具的电子发票,可通过二维码、电子邮件等方式,将电子发票版式文件交付给受票方,再由受票方根据需要,由开票方或者受票方自行打印电子发票版式文件。受票方可登录"全国增值税发票查验平台"查询电子发票。

9.5 认证增值税专用发票

认证发票的目的是,只有认证相符的专用发票,才可以作为抵扣企业销项税额或者退税的依据,即对企业的进项税额进行控制。

9.5.1 上门认证

(1)装订成册的增值税专用发票抵扣联原件。
(2)发票认证软盘。
(3)税务局认证增值税专用发票。
(4)税务局返还打印认证结果纸质文件(报税时用)。
(5)税务局返还认证结果电子文件。
(6)把返还的电子文件导入税控机,并保存,如图9-3所示。

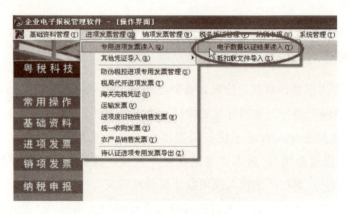

图9-3 电子文件导入税控机

9.5.2 网上认证

（1）生成网上认证文件。

① 企业按照正常操作方式，录入或者导入待认证发票数据后，可以通过菜单"进项发票管理"→"待认证发票数据导出"功能生成网上认证文件，如图9-4所示。

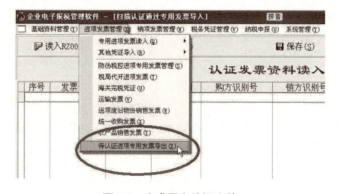

图9-4 生成网上认证文件

② 在打开的窗口中选择录入日期后，点击写网上认证文件按钮，生成加密格式的网上待认证文件，将其保存。

（2）网上提交代认证发票数据。

① 登录当地国家税务局网站，进入网上办税网址，已开通网上办税功能的用户直接使用网上办税的用户名和密码登录系统。

② 登录后的界面左上方将出现登录成功提示，以及企业相关信息。在上方菜单栏中选中"发票认证"，如图9-5所示。

图9-5　点击发票认证按钮

③ 在该页面中选择"网上认证"按钮，如图9-6所示。

图9-6　选择"网上认证"按钮

④ 在如图9-7所示的页面中上传企业报税管理系统中生成的网上待认证文件。

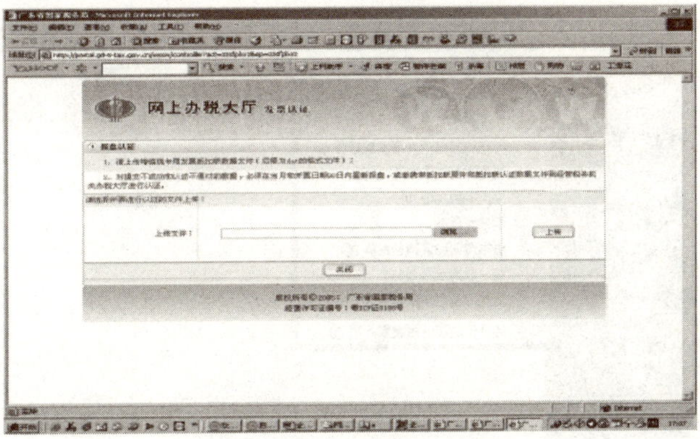

图9-7　上传页码

上传成功后将有相应的提示。

注意：一个文件只能上传一次，不能重复上传。

（3）认证结果下载。登录当地国家税务局网站，进入"网上办税"→"发票认证"，选择"认证结果下载"。

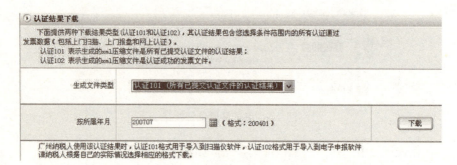

图9-8　选择"认证结果下载"

在图9-8所示页面中下载正确的认证结果文件。

① 认证方式设置为"录入（或导入）发票生成文件"到税局认证的企业请选择下载RZ00101格式文件。

② 认证方式设置为"从企业扫描采集系统读入已认证发票"的企业请选择下载RZ00102格式文件。

当界面提示暂时没有数据的时候，网上认证系统应该处于业务繁忙期，企业提交的待认证数据还在队列中等候认证，请稍后再尝试该操作。

下载成功后将认证结果在本地保存。

（4）认证结果读入。进入电子报税管理系统，选择菜单"进项发票管理"→"专用进项发票读入"→"电子数据认证结果读入"，如图9-9所示。

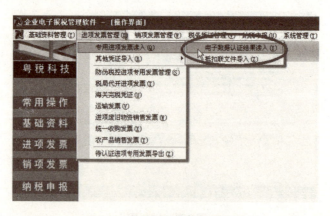

图9-9　电子报税管理系统界面

① 认证方式设置为"录入（或导入）发票生成文件到税局认证"的企业选择电子数据认证结果读入菜单。点击相应的文件格式（RZ00101）按钮，读入网上发票认证结果，保存后，成功认证的发票自动设为"已认证"。

② 认证方式设置为"从企业扫描采集系统读入已认证发票"的企业选择扫描认证通过专用发票读入菜单。点击相应的文件格式（RZ00102）按钮，读入网上发票认证结果。

（5）认证未成功发票重新认证。返回认证结果中若出现部分发票未能通过认证，请先对这些认证未通过发票进行修改。修改方法为，进入电子报税管理系统，选择菜单"进项发票管理"→"防伪税控进项专用发票管理"，点击未认证的发票进行修改，如图9-10所示。

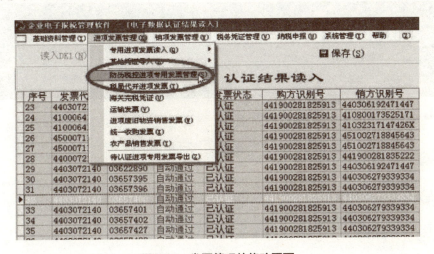

图9-10 发票管理的修改页面

修改完毕后继续第一步工作，生成待认证文件（只会生成未成功认证的发票文件），再进行网上认证，等待返回结果。

> **温馨提示**
>
> 同一份发票若尝试3次未能成功通过认证，应拿到主管税务分局前台进行扫描认证。

9.5.3 注意事项

认证相符的非固定资产专用发票可直接抵扣当月的销项税额，而认证相符的固定资产专用发票每月挂在账上，在每一季度末的次月进行集中退税处理。运输发票上的运输费和进口环节过程中发生的建设费可抵扣，其他的如装卸费、入库前的挑选费等项目不可抵扣。

如果认证的专用发票认错了种类，每月申报时按正确的申报即可；不一致的情况须写说明书附于申报表后，在季末次月退税时再到主管税员处调整解决。

9.6 增值税发票查验

对于收到的增值税发票，会计人员可以登记录国家税务总局全国增值税发票查验平台查验，如图9-11所示。

图9-11 查验平台界面

9.6.1 发票查验的范围

（1）可查验使用增值税发票管理系统开具的发票，包括以下内容。

① 增值税专用发票。

② 增值税电子专用发票。

③ 增值税普通发票（折叠票、卷票）。

④ 增值税电子普通发票（含收费公路通行费增值税电子普通发票）。

⑤ 机动车销售统一发票。

⑥ 二手车销售统一发票。

（2）可以查验的时间范围如下。

① 可查验最近5年内增值税发票管理系统开具的发票。

② 当日开具的发票当日可进行查验。

③ 每天每张发票可在线查询次数为5次，超过次数后请于次日再进行查验操作。

9.6.2 发票真伪识别方法

（1）光角变色圆环纤维。

① 防伪效果。防伪纤维的物理形态呈圆环状随机分布在发票的发票联、抵扣联和记账联专用纸张中，在自然光下观察与普通纸张基本相同，在365纳米紫外光照射下，圆环靠近光源的半圆环为红色，远离光源的半圆环为黄绿色（图9-12）。

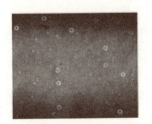 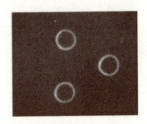

图9-12　紫外光下观察

② 鉴别方法。使用标准365纳米紫外光源以小于45度的角度照射环形纤维，靠近光源的半圆环为红色，远离光源的半圆环为黄绿色。

（2）造纸防伪线。

① 防伪效果。在发票的发票联、抵扣联和记账联专用纸张中含有造纸防伪线，防伪线在自然光下有黑水印的特点，在365纳米紫外光照射下，为红蓝荧光点形成的条状荧光带（图9-13），防伪线据票面右边缘20～80毫米。

② 鉴别方法。在日光下对光观察防伪线呈现黑色线状水印，使用标准365纳米紫外光源垂直照射防伪线呈现红蓝荧光点形成的条状荧光带。

（a）自然光下观察　　　　　　　（b）紫外光下观察

图9-13　造纸防伪线

（3）防伪油墨颜色擦可变。

① 防伪效果。发票各联次左上方的发票代码使用防伪油墨印制，油墨印记在外力摩擦作用下可以发生颜色变化，产生红色擦痕（图9-14）。

发票代码图案原色　　原色摩擦可产生红色擦痕
4600143160　　　　　4600143160

图9-14　油墨印记的擦痕

② 鉴别方法。使用白纸摩擦票面的发票代码区域，在白纸表面以及地区代码的摩擦区域均会产生红色擦痕。

（4）专用异形号码。

① 防伪效果。发票各联次右上方的发票号码为专用异形号码，字体为专用异形变化字体（图9-15）。

9876543210

图9-15　专用异形变化字体

② 鉴别方法。直观目视识别。

（5）复合信息防伪。

① 防伪效果。发票的发票联、抵扣联和记账联票面具有复合信息防伪特征。

② 鉴别方法。使用复合防特征检验仪检测（图9-16），对通过检测的发票，检验仪自动发出复合信息防伪特征验证通过的语音提示。

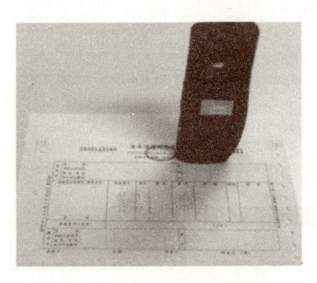

图9-16　使用复合防特征检验仪检测

9.7　纳税申报与税款缴交

9.7.1　抄报税处理

（1）抄报税流程。基本流程为抄税写IC卡→打印销项报表→持IC卡及报表到国税报税。

（2）抄税时间。

① 征期抄税。每月1日开票时系统提示"已到抄税期请及时抄税"，此时必须做抄税处理，否则无法开票；报税期内必须报税，否则系统自动锁死。

系统提示"金税卡已到锁死期，请及时抄报税"，则需抄税后到税务局报税。

② 非征期随时抄税。抄税时间不受限制，但在下次抄税前必须报税。

> **温馨提示**
>
> 系统支持随时抄税，是为了解决开票量不断增大的问题及便于税务机关管理，系统提示"发票写入区已满"，企业可以执行非征期抄税，然后才能继续开具发票，因此如无需要不允许操作，每月只进行征期抄报税即可，并且无论该月是否领用及开具发票都必须进行征期抄报税。

(3) 抄报税方法步骤。

① 写IC卡。"报税处理"→"抄税处理"。

② 打印报表。"报税处理"→"发票资料"。

"抄税处理"一次性将所有种类的开票数据都写在一张IC卡上。

可选择的抄税期中包括"本期资料"和"上期资料"两项。本期资料是指已开具但从未抄过税的资料，在对其进行抄取时选择"本期资料"。抄本期资料时，系统自动校验IC卡上有无购票或退票信息。如IC卡上有购票和退票信息，则无法抄税。上期资料是指在抄税过程中重抄的旧税，例如抄税后，不小心将IC卡损坏，可到税务机关更换IC卡，在"抄税处理"中重新执行抄上期资料即可。抄上期资料时，IC卡中购票和退票信息不影响抄税。

温馨提示

建议报税后及时进入一次开票系统。

9.7.2 网办税简易操作流程

（1）基本要求和步骤。

① 实行网上办税的纳税人应先到主管国税机关办理网上办税注册（计算机用户注册，打印协议书，税局盖章生效，并开通账号），取得用户名和密码。

② 连通互联网，打开网页浏览器，进入本地国家税务局官方网站的网上办税服务厅。

③ 从网站首页点击"网上办税"菜单，进入办税大厅，输入用户名和密码，即可进入网上办税大厅进行业务操作。

（2）增值税网上申报简易流程。增值税网上申报简易流程如图9-17所示。

第一步	点击"申报征收"菜单，点选"增值税"税种，在弹出对话框中填写申报所属时期起止，点击"进入申报"按钮
第二步	在纳税表中填写申报数据
第三步	填写完成后，点击"计算"按钮，系统将自动计算税款，允许纳税人修改1元以内的误差
第四步	核对数据无误后，点击"提交"按钮，提交申报数据，系统提示申报成功，表示完成申报

第五步	点击"缴税"按钮，即时进入网上缴税
第六步	点选本次清缴税款，点击"计税"按钮，系统自动计算滞纳金和教育附加
第七步	确认缴税银行账户无误后，点击"清缴税款"按钮，系统提示扣款成功，表示完成扣税
第八步	完成申报和缴税后，点击"注销登录"按钮，退出网上办税大厅

图9-17 增值税网上申报简易流程

（3）网上申报纳税注意事项。

① 纳税人以前月份没有申报，或当期逾期申报的，不允许进行网上申报，纳税人应到主管税务分局办税服务厅处理。

② 纳税人办理网上申报纳税前，应确保缴税账户有足够余额。因账户不足而导致扣款不成功，纳税人应及时补足银行存款，从"申报征收"首页直接进入"网上缴税"页面进行税款缴纳。如果因其他原因而导致扣款不成功，纳税人应记录出错原因，及时通知主管国税机关。

③ 纳税人应在纳税申报当期结束前进行网上缴税。逾期缴纳税款的，系统自动按征管法规定按日加收滞纳税款万分之五的滞纳金。

④ 网上申报纳税不适用于采用"定期定额"征税的小规模纳税人。

9.7.3 纸质纳税申报资料报送要求

进行网上申报的纳税人，应通过网上申报系统的申报表查询功能用A4纸打印纳税申报表，连同财务报表、发票领用存月报表等申报资料一式一份按规定依次按月装订，于每季度结束后的次月（1月、4月、7月、10月）内将该季度3个月的纳税申报资料报送到主管国税分局办税服务大厅指定收集点。

9.8 自助办税服务终端实用指南

自助办税终端平台（ARM）作为一种自助服务的平台，在满足税收管理需求的前提下，充分体现了"以人为本"的设计理念，以创新的思路、领先的技术、安全性的设计、人性化的布局、便捷的操作流程五大特点，为纳税人提供安全便捷的办税服务。以下简要介绍一下自助办税终端业务功能操作流程。

9.8.1 IC卡报税

纳税人先通过外网提交申报信息、足额缴纳本期应征税款，并在公司执行IC卡抄税，将开票数据写入IC卡内。

在自助终端上进行IC卡报税操作，流程如下。

（1）选择系统登录方式为"办税服务卡登录""CA登录"或"输入税号登录"。

选择"办税服务卡登录"时，将办税服务卡放在ARM机右上方的"身份识别感应区"，待系统读取出税号信息后点击"确定"按钮。

选择"CA登录"时，先将CA证书插在ARM机操作屏幕左下方的USB接口上，再点击"CA登录"功能菜单按钮，待系统读取出税号信息后点击"确定"按钮。

选择"输入税号登录"时，通过ARM机操作界面上的软键盘输入纳税人识别号信息，点击"确定"按钮。

（2）根据语音提示输入8位机器操作密码；初次使用时请点击"修改密码"按钮，修改为自己的密码，系统初始密码为"12345678"。

（3）选择"IC卡报税"功能模块，根据语音及界面操作提示，将企业报税IC卡插入读卡器中，插卡时注意有芯片的一面朝上，点击"确定"按钮。

（4）终端读取出IC卡内的报税数据后，点击"报税"按钮。

（5）系统自动将本次IC卡报税数据与网上申报数据进行增值税一般纳税人销项比对，比对成功后点击"保存"按钮，本期未缴税款为0时，系统自动对报税IC卡清零解锁，否则系统不对报税IC卡清零解锁。

（6）报税成功后，点击"退出"按钮，本次IC卡报税流程结束，退出系统。

> **温馨提示**
>
> IC卡非征期报税时只将本次开票数据读入税局业务系统，不扣缴税款。操作流程同IC卡征期报税流程。

9.8.2 发票认证

自助终端支持"增值税专用发票、货运增值税专用发票、货物运输发票及机动车销售发票认证"。在自助终端上进行发票认证时，操作流程如下。

（1）系统登录方式为"办税服务卡登录""CA登录"或"输入税号登录"。

选择"办税服务卡登录"时，将办税服务卡放在ARM机右上方的"身份识别感应区"，待系统读取出税号信息后点击"确定"按钮。

选择"CA登录"时，先将CA证书插在ARM机操作屏幕左下方的USB接口上，再点击"CA登录"功能菜单按钮，待系统读取出税号信息后点击"确定"按钮。

选择"输入税号登录"时，通过ARM机操作界面上的软键盘输入纳税人识别号信息，点击"确定"按钮。

（2）根据语音提示输入8位机器操作密码；初次使用时请点击"修改密码"按钮，修改为自己的密码，系统初始密码为"12345678"。

（3）选择"发票认证"功能模块菜单后，根据待认证的发票类型，选择"增值税专用发票认证"或"货运机动车发票认证"功能模块菜单。

（4）根据语音和界面操作提示信息，将发票放入自助终端认证扫描仪内；放置发票时，注意"发票票面信息朝下，税局监制章靠右，密码区在右上方"放置发票。在认证专用发票时，请将扫描仪进纸口调整到专用发票认证位置，认证货运机动车发票时，请将扫描仪进纸口调整到货运发票认证位置。

（5）点击"确定"按钮，开始扫描发票。

（6）仔细将通过扫描仪的发票与终端界面上显示的发票信息进行核对，将认证通过的发票放置在一边，没有认证通过的发票放在扫描仪内，点击"继续认证发票"按钮继续认证。

（7）发票认证完成后，点击"打印认证结果"按钮，打印本次认证结果清单。

（8）取下认证结果清单，点击"退出"按钮，发票认证流程结束。

> **温馨提示**
>
> 多次认证不通过的发票，须到窗口认证。

9.8.3 增值税专用发票发售

自助终端上支持"增值税专用发票（三联版）实物票发售"功能，每次最多允许购买25份发票，超过25份的购票需求，请在自助终端上购买电子票号后，到窗口领取实物发票，或者直接到窗口办理。发票发售操作流程如下：

（1）系统登录方式为"办税服务卡登录"或"CA登录"。

选择"办税服务卡登录"时，将办税服务卡放在ARM机右上方的"身份识别感应区"，待系统读取出税号信息后点击"确定"按钮。

选择"CA登录"时，先将CA证书插在ARM机操作屏幕左下方的USB接口上，再点击"CA登录"功能菜单按钮，待系统读取出税号信息后点击"确定"按钮。

(2)根据语音提示输入8位机器操作密码；初次使用时请点击"修改密码"按钮，修改为自己的密码，系统初始密码为"12345678"。

(3)选择"发票领购"功能模块菜单，再选择"增值税专用发票实物票领购"功能菜单按钮。

(4)根据语音及界面操作提示，将企业购票IC卡插入读卡器中，插卡时注意有芯片的一面朝上，点击"确定"按钮。

(5)系统自动计算出本次可以购买的发票份数，可以根据本次购买发票需求进行修改，修改后的份数不能超过税务局核定的最高购票份数。点击"确定"按钮。

(6)系统自动将本次购票信息写入购票IC卡内，并提示"写卡成功"信息，点击"确定"按钮。

(7)将发票领购簿打开到待打印页面后，放入"发票领购簿打印口"，打印发票领购簿。

(8)打印完成后开始出票，点击"确定"按钮，终端自动将本次所购买的发票进行切割、整理后送出。如果所购买的发票超过25份，终端分多次将发票送出，每次送出的发票不超过25份。

(9)出票完成，取走所购买的发票后，点击"退出"按钮，系统自动退出购票IC卡，本次购票流程结束。

9.8.4 增值税发票电子票号发售

自助终端上支持"增值税专用发票（三联版）、增值税普通发票（二联版）"电子票号发售功能。操作流程如下。

(1)系统登录方式为"办税服务卡登录"或"CA登录"。

选择"办税服务卡登录"时，将办税服务卡放在ARM机右上方的"身份识别感应区"，待系统读取出税号信息后点击"确定"按钮。

选择"CA登录"时，先将CA证书插在ARM机操作屏幕左下方的USB接口上，再点击"CA登录"功能菜单按钮，待系统读取出税号信息后点击"确定"按钮。

(2)根据语音提示输入8位机器操作密码；初次使用时请点击"修改密码"按钮，修改为自己的密码，系统初始密码为"12345678"。

(3)选择"发票领购"功能模块菜单，再根据要购买的发票类型选择"增值税专用发票电子票领购"或者"增值税普通发票电子购票"功能菜单按钮。

（4）根据语音及界面操作提示，将企业购票IC卡插入读卡器中，插卡时注意有芯片的一面朝上，点击"确定"按钮。

（5）系统自动计算出本次可以购买的发票份数，可以根据本次购买发票需求进行修改，修改后的份数不能超过税务局核定的最高购票份数。点击"确定"按钮。

（6）系统自动将本次购票信息写入购票IC卡内，并提示"写卡成功"信息，点击"确定"按钮。

（7）将发票领购簿打开到待打印页面后，放入"发票领购簿打印口"，打印发票领购簿。

（8）打印完成后点击"退出"按钮，系统自动退出您的购票IC卡。

（9）持"企业购票信息凭证"和"发票领购簿"到窗口领取本次购买的实物发票。

9.8.5 通用机打发票电子票号发售

自助终端上支持"通用机打发票千元版、通用机打发票百元版"电子票号发售功能。操作流程如下。

（1）选择系统登录方式为"办税服务卡登录"或"CA登录"。

选择"办税服务卡登录"时，将办税服务卡放在ARM机右上方的"身份识别感应区"，待系统读取出税号信息后点击"确定"按钮。

选择"CA登录"时，先将CA证书插在ARM机操作屏幕左下方的USB接口上，再点击"CA登录"功能菜单按钮，待系统读取出税号信息后点击"确定"按钮。

（2）根据语音提示输入8位机器操作密码；初次使用时请点击"修改密码"按钮，修改为自己的密码，系统初始密码为"12345678"。

（3）选择"发票领购→通用机打发票电子票领购"功能模块菜单，再根据要购买的发票类型选择"通用机打发票千元版"或"通用机打发票百元版"功能菜单按钮。

（4）根据语音及界面操作提示，输入本次要购买的发票份数，输入的份数不能超过税务局核定的最高购票份数。点击"确定"按钮。

（5）系统自动将本次购票信息写入税务局业务系统，点击"确定"按钮。

（6）将发票领购簿打开到待打印页面后，放入"发票领购簿打印口"，打印发票领购簿。打印完成后点击"退出"按钮。

（7）持"企业购票信息凭证"和"发票领购簿"到窗口领取本次购买的实物发票。

9.8.6 增值税发票验旧

自助终端上支持"增值税专用发票、增值是普通发票"验旧功能。操作流程如下。

（1）系统登录方式为"办税服务卡登录""CA登录"或"输入税号登录"。

选择"办税服务卡登录"时，将办税服务卡放在ARM机右上方的"身份识别感应区"，待系统读取出税号信息后点击"确定"按钮。

选择"CA登录"时，先将CA证书插在ARM机操作屏幕左下方的USB接口上，再点击"CA登录"功能菜单按钮，待系统读取出税号信息后点击"确定"按钮。

选择"输入税号登录"时，通过ARM机操作界面上的软键盘输入纳税人识别号信息，点击"确定"按钮。

（2）根据语音提示输入8位机器操作密码；初次使用时请点击"修改密码"按钮，修改为自己的密码，系统初始密码为"12345678"。

（3）选择"发票验旧"功能模块菜单，再根据要验旧的发票类型选择"增值税普通发票验旧"或"增值税专用发票验旧"功能菜单。

（4）系统自动提取出已经抄税还未验旧的发票信息展示在页面上，纳税人对验旧信息确认无误后点击"保存"按钮。系统自动将本次验旧信息保存在CTAIS系统中，并提示"保存成功"。

（5）点击"确定"按钮，打印验旧结果凭条，本次验旧流程结束。

9.8.7 普通发票验旧

自助终端上支持"普通发票U盘导入"验旧功能。具体操作流程如下。

（1）系统登录方式为"办税服务卡登录""CA登录"或"输入税号登录"。

选择"办税服务卡登录"时，将办税服务卡放在ARM机右上方的"身份识别感应区"，待系统读取出税号信息后点击"确定"按钮。

选择"CA登录"时，先将CA证书插在ARM机操作屏幕左下方的USB接口上，再点击"CA登录"功能菜单按钮，待系统读取出税号信息后点击"确定"

按钮。

选择"输入税号登录"时,通过ARM机操作界面上的软键盘输入您的纳税人识别号信息,点击"确定"按钮。

(2)根据语音提示输入8位机器操作密码;初次使用时请点击"修改密码"按钮,修改为自己的密码,系统初始密码为"12345678"。

(3)选择"发票验旧"功能模块菜单,再选择"普通发票验旧"功能菜单按钮。

(4)根据语音提示,将存有待验旧信息的U盘插入ARM机操作屏幕左下方的USB接口上,点击"确定"按钮。

(5)在"普票明细导入"界面,点击"导入"按钮,系统自动搜索U盘上的验旧文件,找到文件后自动进行解析。如果验旧U盘上存在多个待验旧文件,系统在界面上将所有的待验旧文件展现出来,供纳税人选择。选择当前需要验旧的文件,点击"确定"按钮。

(6)核对验旧信息无误后,点击"保存"按钮,系统对本次验旧发票信息进行"自动分段汇总",分段完毕后,点击"保存"按钮。

(7)保存成功后,在"普票稽核"页面点击"发票稽核"按钮,对本次验旧信息进行稽核,并打印稽核结果。如果需要补缴税款,请到窗口办理,本次普票验旧流程结束。

9.8.8 纳税申报

自助终端支持一般纳税人增值税申报、小规模纳税人增值税申报、消费税申报、企业所得税季报、企业所得税年报等常用税种的申报。支持手工申报和U盘申报两种方式。

(1)系统登录方式为"办税服务卡登录""CA登录"或"输入税号登录"。

选择"办税服务卡登录"时,将办税服务卡放在ARM机右上方的"身份识别感应区",待系统读取出税号信息后点击"确定"按钮。

选择"CA登录"时,先将CA证书插在ARM机操作屏幕左下方的USB接口上,再点击"CA登录"功能菜单按钮,待系统读取出税号信息后点击"确定"按钮。

选择"输入税号登录"时,通过ARM机操作界面上的软键盘输入纳税人识别号信息,点击"确定"按钮。

(2)根据语音提示输入8位机器操作密码;初次使用时请点击"修改密码"按钮,修改为自己的密码,系统初始密码为"12345678"。

（3）选择"纳税申报"功能菜单，选择"手工申报"或者"U盘申报"，再根据本次申报的税种选择相应的功能菜单。

（4）选择"手工申报"方式时，在申报界面输入申报表信息，点击"保存"按钮。

（5）选择"U盘申报"时，将申报U盘插在ARM机操作屏幕左下方的USB接口上，点击"确定"按钮，系统自动搜索U盘上的待申报文件并自动进行解析，解析成功后点击"保存"按钮。

（6）通过税库银联网的方式扣缴本次申报税款并打印凭条，本次申报流程结束。

第 10 章

编制会计报表

编制会计报表的基本目的是向会计报表的使用者提供企业有关财务状况和经营成果方面的信息资料,而这些信息资料是会计报表使用者进行投资决策的主要依据。

10.1 编制会计报表的基本步骤

编制会计报表的基本步骤

(1)核实资产。核实资产是企业编制财务报表前一项重要的基础工作,而且工作量大。主要包括以下内容。

① 清点现金和应收票据。

② 核对银行存款,编制银行存款余额调节表。

③ 与购货人核对应收账款。

④ 与供货人核对预付账款。

⑤ 与其他债务人核对其他应收款。

⑥ 清查各项存货。

⑦ 检查各项投资的回收利润分配情况。

⑧ 清查各项固定资产的在建工程。

编制财务报表时,在核实以上各项资产的过程中,如发现与账面记录不符,应先转入"待处理财产损溢"账户,待查明原因,按规定报此处理。

(2)清理债务。企业与外单位的各种经济往来中形成的债务也要认真清理并及时处理。对已经到期的负债,要及时偿还,以保持企业的信誉,特别是不能拖欠税款;其他应付款中要注意是否有不正常的款项。

(3)复核成本。编制财务报表前,要认真复核各项生产、销售项目的成本结转情况。查对是否有少转、多转、漏转、错转成本,这些直接影响企业的盈亏,并由此产生一系列的后果,如多交税金、多分利润、使企业资产流失等。

(4)内部调账。内部调账(转账)是编制财务报表前一项很细致的准备工作,主要有如下几点。

① 计提坏账准备。应按规定比例计算本期坏账准备，并及时调整入账。

② 摊销待摊费用。凡本期负担的待摊费用都应在本期摊销。

③ 计提固定资产折旧。

④ 摊销各种无形资产和递延资产。

⑤ 实行工效挂钩的企业，按规定计提"应付职工工资"。

⑥ 转销经批准的"待处理财产损溢"。财务部门对此要及时提出处理意见，报有关领导审批，不能长期挂账。

⑦ 按权责发生制原则及有关规定，预提利息和费用。

⑧ 有外币业务的企业，还应计算汇总损益调整有关外币账户。

（5）试算平衡。在完成以上准备工作之后，还应进行一次试算平衡，以检查账务处理有无错误。

（6）结账。试算平衡后的结账工作主要有以下几项。

① 将损益类账户全部转入"本年利润"账户。

② 将"本年利润"账户形成的本年税后净利润或亏损转入"利润分配"账户。

③ 进行利润分配后，编制财务报表的年终会计决算报表。

10.2 资产负债表的编制

10.2.1 资产负债表的格式

关于资产负债表的格式，目前国际上流行的主要有账户式和报告式两种，我国会计准则规定，资产负债表的格式一律采用账户式结构。

账户式资产负债表与账户结构类似，使用左右结构。

左方列示资产类各项目，排列顺序是以资产的流动性（或变现能力）为依据，流动性强的资产排列在先。

右方首先列示负债类各项目，排列顺序是以债务的偿还期限为依据，偿还期限短的排列在先。所有者权益类各项目，以权益的永久性排列顺序，企业拥有期限长的权益排列在先。

账户式资产负债表如表10-1所示。

表10-1 账户式资产负债表

编制企业：　　　　　　　　　　××××年×月×日　　　　　　　　　　单位：元

资产	行次	年初数	年末数	负债和所有者权益	行次	年初数	年末数
流动资产				流动负债			
货币资金	1			短期借款	26		
交易性金融资产	2			应付票据	27		
应收票据	3			应付账款	28		
应收账款	4			预收账款	29		
预付账款	5			应付员工薪酬	30		
应收股利	6			应交税费	31		
应收利息	7			应付利息	32		
其他应收款	8			应付股利	33		
存货	9			其他应付款	34		
一年内到期的非流动资产	10			一年内到期的非流动负债	35		
流动资产合计	11			其他流动负债	36		
非流动资产				流动负债合计	37		
持有至到期投资	12			非流动负债			
长期股权投资	13			长期借款	38		
长期应收款	14			应付债券	39		
固定资产				长期应付款	40		
在建工程	15			递延所得税负债	41		
工程物资	16			其他非流动负债	42		
固定资产清理	17			非流动负债合计	43		
无形资产	18			负债合计	44		
开发支出	19			所有者权益			
商誉	20			股本	45		
长期待摊费用	21			资本公积	46		
递延所得税资产	22			盈余公积	47		
其他非流动资产	23			未分配利润	48		
非流动资产合计	24			所有者权益合计	49		
资产总计	25			负债和所有者权益合计	50		

10.2.2 资产负债表的内容填制

企业在编制资产负债表时，应当依照各种账户的余额直接填制。

（1）年初余额。在"年初余额"栏内，直接根据年末的资产负债表的对应项目进行填写。如果本年度的资产负债表与上年度表中规定的各项目名称和内容不一致，必须先将上年度的资产负债表中的相关内容按本年度的规定进行调整，再填入本表的"年初数"栏内。

（2）期末余额。"期末余额"栏内，要根据各账户的余额直接或间接地分析、计算后填制。

① 根据总分类账户余额直接填列，如应收票据、短期借款等。
② 根据总分类账余额分析计算填列，如货币资金、存货、未分配利润等。
③ 根据明细分类账余额分析计算填列，如应收账款、应付账款等。
④ 根据总账和明细账余额分析计算填列，如长期借款等。
⑤ 根据科目余额减去其备抵项目后的净额填列，如交易性金融资产净额、应收账款净额、存货净额、长期投资净额、固定资产净额等。

表 10-2 对资产负债表主要项目的填制进行了说明。

表 10-2　资产负债表主要项目的填制

序号	项目	填制要求
1	货币资金	应根据"库存现金""银行存款""其他货币资金"三个科目的期末余额合计填列
2	存货	应根据"材料采购""原材料""生产成本""库存商品"等科目期末余额的合计数填列
3	未分配利润	（1）根据"本年利润"与"利润分配"科目余额计算填列 （2）两者相抵或相加后的余额，如果在贷方余额，则为盈利，以"+"号填入；如果在借方余额，则为亏损，以"-"号填列
4	应收账款	（1）应根据本科目所属各明细科目的期末借方余额合计，减去"坏账准备"科目中有关应收账款计提的坏账准备期末余额后的金额填列 （2）如本账户所属明细科目期末有贷方余额，应在本表中"预收账款"项目填列

续表

序号	项目	填制要求
5	预收账款	（1）应根据本科目所属各明细科目的期末贷方余额和"应收账款"科目所属各明细科目的期末贷方余额合计填列 （2）如本科目所属明细科目期末有借方余额，应在本表中"应收账款"项目填列
6	应付账款	（1）应根据本科目所属各明细科目的期末贷方余额和"预付账款"科目所属各明细科目的期末贷方余额合计填列 （2）如本科目所属明细科目期末有借方余额，应在本表中"预付账款"项目填列
7	预付账款	（1）应根据本科目所属各明细科目的期末借方余额和"应付账款"科目所属各明细科目的期末借方余额合计填列 （2）如本科目所属明细科目期末有贷方余额，应在本表中"应付账款"项目填列
8	交易性金额资产	应根据"交易性金融资产"科目的期末余额填列
9	其他应收款	应根据"其他应收款"科目的期末余额，减去"坏账准备"科目中有关其他应收款计提的坏账准备期末余额后的金额填列
10	长期待摊费用	应根据"长期待摊费用"科目的期末余额减去将于1年内（含1年）摊销的数额后的金额填列
11	其他长期负债	（1）应根据有关科目的期末余额减去将于1年内（含1年）到期部分后的余额填列 （2）将于1年内（含1年）到期的长期负债，应在"1年内到期的长期负债"项目内单独反映
12	固定资产净值	应根据"固定资产原值"和"累计折旧"两总账的期末余额相减后的净额填列
13	短期投资	应根据"短期投资"科目的期末余额，减去"短期投资跌价准备"科目的期末余额后的金额填列
14	应收票据	（1）应根据"应收票据"科目的期末余额填列 （2）已向银行贴现和已背书转让的应收票据不包括在本项目内，其中已贴现的商业承兑汇票应在会计报表附注中单独披露
15	应收股息	根据"应收股息"科目的期末余额填列
16	其他流动资产	根据有关科目的期末余额填列

续表

序号	项目	填制要求
17	长期股权投资	应根据"长期股权投资"科目的期末余额填列
18	长期债权投资	应根据"长期债权投资"科目的期末余额填列
19	短期借款	应根据"短期借款"科目的期末余额填列
20	应付职工薪酬	根据"应付职工薪酬"科目期末贷方余额填列。如"应付职工薪酬"科目期末为借方余额,则以"-"号填列
21	应付利润	根据"应付利润"科目的期末余额填列
22	应交税费	应根据"应交税费"科目的期末贷方余额填列。如"应交税费"科目期末为借方余额,则以"-"号填列
23	其他应付款	应根据"其他应付款"科目的期末余额填列
24	其他流动负债	本项目应根据有关账户的期末余额填列
25	待处理流动资产净损失	根据"待处理财产损溢"科目所属的"待处理流动资产损溢"明细账户的期末借方余额填列,如果属贷方余额,则用"-"号填列
26	待处理固定资产净损失	根据"待处理财产损溢"科目所属的"待处理固定资产净损溢"明细科目的借方余额填列,如为贷方余额,则用"-"号填列
27	长期股权投资	应根据"长期股权投资"科目的期末余额填列
28	1年内到期的长期债权投资	填列将于1年内到期的长期债权投资的数额
29	1年内到期的长期负债	应根据"长期借款""应付债券""长期应付款"等长期负债类账户所属有关明细账户的期末贷方余额分析合并填列
30	实收资本	根据"实收资本"科目的期末余额填列
31	资本公积	根据"资本公积"科目的期末余额填列
32	盈余公积	应根据"盈余公积"科目的期末余额填列

 实例▶▶▶

A公司2019年12月31日会计科目余额表如下表所示。

会计科目余额表

2019年12月31日　　　　　　　　　　　　　　　　　　　　　　　　单位：元

会计科目	借方余额		会计科目	借方余额	
	年初数	期末数		年初数	期末数
现金	3 210	6 210	短期借款		35 000
银行存款	30 000	75 000	应付票据		3 500
其他货币资金	10 000	15 000	应付账款	21 000	28 000
短期投资	5 000	5 000	其他应付款	13 900	33 500
应收票据		35 000	应交税金	2 940	5 460
应收账款	23 000	31 000	应付利润	17 000	13 400
其他应收款	3 500	4 500	其他应交款	8 050	9 310
物资采购	4 000	6 500	预提费用	10 000	5 000
材料物资	5 090	12 090	长期借款		70 000
库存商品	189 000	344 061.50	实收资本	500 000	500 000
包装物	3 000	5 000	资本公积	60 000	60 000
低值易耗品	6 000	9 000	盈余公积	18 270	29 680
待摊费用	15 000	25 000	坏账准备	2 000	3 000
长期投资	35 000	70 000	累计折旧	35 000	74 900
在建工程		3 000	应付福利费	20 000	30 000
无形资产	30 000	26 700	未分配利润	10 640	145 811.50
预付账款		7 000	待处理财产损益		
			（待处理流动资产损益）		1 000
合计	718 800	1 047 561.50	合计	71 8800	104 7561.50

根据以上所述方法，编制资产负债表，如下表所示。

资产负债表

编制单位：A公司　　2019年12月31日　　单位：元

资产	行次	年初数	期末数	负债和所有者权益	行次	年初数	期末数
流动资产：				流动负债：			
货币资金	1	43 210	96 210	短期借款	46		35 000
短期投资	2	5 000	5 000	应付票据	47		3 500
应收票据	3		3 500	应付账款	48	21 000	28 000
应收账款	4	23 000	31 000	预收账款	49		
减：坏账准备	5	2 000	3 000	其他应付款	50	13 900	33 500
应收账款净额	6	21 000	28 000	应付工资	51		
预付账款	7		2 000	应付福利费	52	20 000	30 000
应收出口退税	8			未交税金	53	2 940	5 460
应收补贴款	9			未付利润	54	17 000	13 400
其他应收款	10	3 500	4 500	其他未交款	55	8 050	9 310
存货	11	207 090	376 615.50	预提费用	56	10 000	5 000
待转其他业务支出	12			1年内到期的长期负债	57		
待摊费用	13	15 000	25 000	其他流动负债			
待处理流动资产净损失	14		−1 000	流动负债合计	58		
				长期负债：	65	92 890	163 170
1年内到期的长期债券投资	15			长期借款			
				应付债券	66		70 000
其他流动资产	16			长期应付款	67		
流动资产合计	20	301 800	537 861.50	其他长期负债	68		
长期投资：				其中：住房周转金	69		
长期投资	21	35 000	70 000	长期负债合计	70		20 000
固定资产：				递延税项：	76		
固定资产原价	39	350 000	406 000	递延税款贷项			
减：累计折旧	40	350 000	749 000	负债合计	111		
固定资产净值	43	315 000	331 100		114	92 890	233 170
固定资产清理	46			所有者权益：			
在建工程	47		3 000	实收资本			
固定资产合计	50	315 000	334 100	资本公积	116	500 000	50 000
无形资产：				盈余公积	118	60 000	60 000
无形资产	51	28 000	25 200	其中：法定公益金	119	18 270	19 680
其他长期资产：				未分配利润	120		
其他长期资产	53			所有者权益合计	121	10 640	145 811.50
递延税项：					122	588 910	735 491.50
递税税款借项	61			负债及所有者权合计			
资产总计	67	681 800	968 661.50		135	681 800	968 611.50

10.3 利润表的编制

10.3.1 利润表的内容

一份完整的利润表应包括以下几方面的内容,如图 10-1 所示。

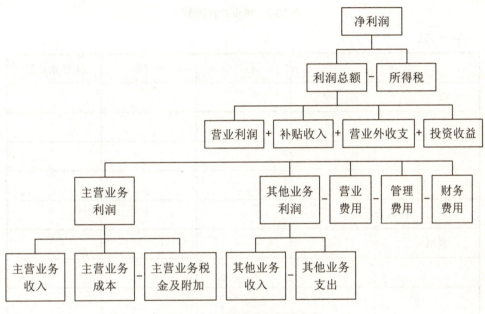

图 10-1 利润表应包括的内容

(1)构成主营业务利润的各项要素,包括主营业务收入、成本、营业费用、营业税金及附加等。

(2)构成营业利润的各项要素,包括主营业务利润、其他业务利润、管理费用、财务费用等。

(3)构成利润总额的各项要素,包括营业利润、投资收益、营业外收入、营业外支出等。

(4)构成净利润的各项要素,主要包括利润总额和所得税。

> **温馨提示**
>
> 利润表项目列示原则为,收入按其重要性进行列示,费用按其性质进行列示,利润按其构成分类分项列示。利润表中的配比原则是谁受益、谁付费。

10.3.2 利润表的格式

利润表的格式一般分为单步式和多步式。

(1) 单步式利润表。单步式利润表是将本期发生的所有收入、费用、成本等集中在一起列示,然后将收入类合计减去成本费用类合计,计算出本期利润,即净收益=所有的收入-所有的费用,如表10-3所示。

表10-3 单步式利润表

编制企业:　　　　　　　　　　年　　月　　日　　　　　　　　单位:

项目	行次	本月数	本年累计数
一、收入			
收入合计			
二、费用			
费用合计			
三、利润总额			
四、净利润			

（2）多步式利润表。多步式利润表是我国企业常用的格式，是根据利润计算的步骤而设计的，如表10-4所示。

表10-4　多步式利润表

编制企业：　　　　　　　　　年　月　日　　　　　　　　单位：

项目	本月数	本年累计数
一、主营业务收入		
二、主营业务利润		
三、营业利润		
四、利润总额		
五、净利润		

一般企业都采用多步式利润表的结构，将企业利润形成的主要环节，划分为营业利润、利润总额和净利润三个层次。

营业利润＝营业收入－营业成本－营业税费－管理费用－销售费用－财务费用－资产减值损失＋公允价值变动净收益＋投资净收益

利润总额＝营业利润＋营业外收入－营业外支出

净利润＝利润总额－所得税

10.3.3　利润的计算

利润的计算通常分为四步，即从主营业务利润、营业利润、利润总额、净利润四步进行，具体步骤如图10-2所示。

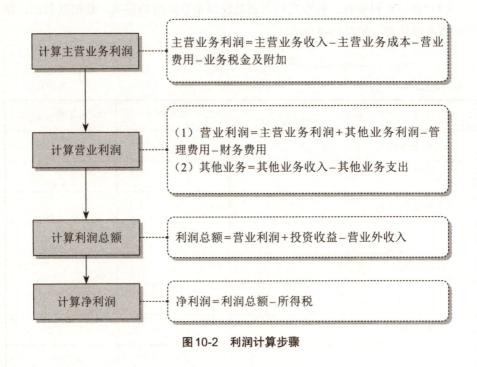

图10-2 利润计算步骤

10.3.4 利润表中各项目的填制

利润表的内容主要由收入、费用和利润组成,其编制根据为"利润=收入−费用"。

(1)本月数。本栏反映各项目的本月实际发生数。在编制年度报表时,应将其改为"上年数",并填列上年度全年累计实际发生数。

> **温馨提示**
>
> 如果上年度利润表与本年度利润表的项目名称和内容不一致,应对上年度利润表项目的名称和数字按本年度的规定进行调整,填入本表。

(2)本年累计数

本栏反映的是各项目自年初起至报告期末截止的累计实际发生数。

在填制利润表时,表中的各项要如实、准确填列。表10-5对利润表主要项目的填制进行了说明。

表 10-5　利润表主要项目的填制

序号	项目	填制要点
1	主营业务收入	主营业务收入是指应根据"主营业务收入"科目的发生额分析填列
2	主营业务成本	主营业务成本是指根据"主营业务成本"科目的发生额分析填列
3	主营业务税金及附加	主营业务税金及附加是指根据"主营业务税金及附加"科目的发生额分析填列
4	其他业务利润	其他业务利润是指根据"其他业务收入""其他业务支出"科目的发生额分析填列，如为亏损，则用"−"号填列
5	营业费用	营业费用是指根据"营业费用"科目的发生额分析填列
6	管理费用	管理费用是指根据"管理费用"科目的发生额分析填列
7	财务费用	财务费用是指根据"财务费用"科目的发生额分析填列
8	投资收益	投资收益是指根据"投资收益"科目的发生额分析填列，如为投资损失，则以"−"号填列
9	营业外收入	营业外收入是指根据"营业外收入"科目的发生额分析填列
10	营业外支出	营业外支出是指根据"营业外支出"科目的发生额分析填列
11	利润总额	（1）根据"营业利润"项目加"投资收益""营业外收入"减去"营业外支出"项目后的数额填列 （2）如为亏损总额，则以"−"号填列
12	所得税	所得税是指根据"所得税"科目的发生额分析填列
13	净利润	（1）根据"利润总额"减去"所得税"项目的净额填列 （2）如为亏损，则以"−"号填列

实例

A股份有限公司2019年度有关损益类科目本年累计发生净额如下表所示。

A股份有限公司损益类科目2019年度累计发生净额

单位：元

科目名称	借方发生额	贷方发生额
主营业务收入		1 250 000
主营业务成本	750 000	
营业税金及附加	2 000	
销售费用	20 000	
管理费用	157 100	
财务费用	41 500	
资产减值损失	30 900	
投资收益		31 500
营业外收入		50 000
营业外支出	19 700	
所得税费用	85 300	

方法如下。

第一步，以营业收入为基础，计算营业利润。

营业利润=营业收入−营业成本−营业税金及附加−销售费用−管理费用−财务费用−资产减值损失+公允价值变动收益（−公允价值变动损失）+投资收益（−投资损失）。

第二步，以营业利润为基础，计算利润总额。

利润总额=营业利润+营业外收入−营业外支出。

第三步，以利润总额为基础，计算净利润。

净利润=利润总额−所得税费用。

利润表

编制单位：A股份有限公司　　　2019年　　　　　　　　　　　　　会企02表
单位：元

项目	本期金额	上期金额（略）
一、营业收入	1 250 000	
减：营业成本	750 000	
营业税金及附加	2 000	
销售费用	20 000	
管理费用	157 100	
财务费用	41 500	
资产减值损失	30 900	
加：公允价值变动收益（损失以"-"号填列）	0	
投资收益（损失以"-"号填列）	31 500	
二、营业利润（亏损以"-"号填列）	280 000	
加：营业外收入	50 000	
减：营业外支出	19 700	
三、利润总额（亏损总额以"-"号填列）	310 300	
减：所得税费用	85 300	
四、净利润（净亏损以"-"号填列）	225 000	
五、每股收益	（略）	

10.4 现金流量表的编制

10.4.1 现金流量表格式

现金流量表格式分一般企业、商业银行、保险公司、证券公司等企业类型予以规定。企业应当根据其经营活动的性质，确定本企业适用的现金流量表格式。

现金流量表格式如表10-6和表10-7所示。

表 10-6　现金流量表

编制企业：　　　　　　　　　　年　月　日　　　　　　　　　　单位：元

项目	行次	金额
一、经营活动产生的现金流量	1	
销售商品、提供劳务收到的现金	2	
收到的税费返还	3	
收到的其他与经营活动有关的资金	4	
现金流入小计	5	
购买商品、接受劳务支付的现金	6	
支付给职工以及未支付的现金	7	
支付的各项税费	8	
支付的其他与经营活动有关的现金	9	
现金流出小计	10	
经营活动产生的现金流量净额	11	
二、投资活动产生的现金流量	12	
收回投资所收到的现金	13	
取得投资收益所收到的现金	14	
处置固定资产、无形资产和其他长期资产所收到的现金净额	15	
收到的其他与投资活动有关的现金	16	
现金流入小计	17	
购建固定资产、无形资产和其他资产所支付的现金	18	
投资所支付的现金	19	
支付的其他与投资活动有关的现金	20	
现金流出小计	21	
投资活动产生的现金流量净额	22	
三、筹资活动所产生的现金流量	23	
吸收投资所收到的资金	24	

续表

项目	行次	金额
借款所收到的现金	25	
收到的其他与筹资活动有关的现金	26	
现金流入小计	27	
偿还债务所支付的现金	28	
分配股利、利润或偿付利息所支付的现金	29	
支付的其他与筹资活动有关的现金	30	
现金流出小计	31	
筹资活动产生的现金流量净额	32	
四、汇率变动对现金的影响	33	
五、现金及现金等价物净增加额	34	
补充资料	35	
1.将净利润调节为经营活动现金流量	36	
净利润	37	
加：计提的坏账准备或转销的坏账	38	
固定资产折旧	39	
无形资产摊销	40	
待摊费用减少（减：增加额）	41	
预提费用增加（减：减少额）	42	
处置固定资产、无形资产和其他长期资产的损失（减：收益额）	43	
固定资产报废损失	44	
财务费用	45	
投资损失（减：收益额）	46	
递延税款贷项（减：借项额）	47	
存货的减少（减：增加额）	48	
经营性应收项目的减少（减：增加额）	49	

续表

项目	行次	金额
经营性应付项目的增加（减：减少额）	50	
其他	51	
经营活动产生的现金流量净额	52	
2.不涉及现金收支的投资和筹资活动	53	
以固定资产偿还债务	54	
以投资偿还债务	55	
以固定资产进行投资	56	
以存货偿还债务	57	
3.现金及现金等价物净增加情况	58	
现金期末余额	59	
减：现金的期初余额	60	
加：现金等价物期末余额	61	
减：现金等价物期初余额	62	
现金及现金等价物净增加额	63	

表10-7 现金流量表补充资料

项目	本年金额	上年金额
1.将净利润调节为经营活动现金流量		
净利润		
加：资产减值准备		
固定资产折旧、油气资产折耗、生产性生物资产折旧		
无形资产摊销		
长期待摊费用摊销		
处置固定资产、无形资产和其他长期资产的损失（收益以"-"号填列）		

续表

项目	本年金额	上年金额
固定资产报废损失（收益以"–"号填列）		
公允价值变动损失（收益以"–"号填列）		
财务费用（收益以"–"号填列）		
投资损失（收益以"–"号填列）		
递延所得税资产减少（增加以"–"号填列）		
递延所得税负债增加（减少以"–"号填列）		
存货的减少（增加以"–"号填列）		
经营性应收项目的减少（增加以"–"号填列）		
经营性应付项目的增加（减少以"–"号填列）		
其他		
经营活动产生的现金流量净额		
2.不涉及现金收支的重大投资和筹资活动		
债务转为资本		
一年内到期的可转换公司债券		
融资租入固定资产		
3.现金及现金等价物净变动情况		
现金的期末余额		
减：现金的期初余额		
加：现金等价物的期末余额		
减：现金等价物的期初余额		
现金及现金等价物净增加额		

10.4.2 现金流量表的填制要求

（1）经营活动现金流量的填制。各项目的填制要点如表10-8所示。

表10-8　经营活动现金流量项目的填制

序号	项目	填制要点
1	销售商品、提供劳务收到的现金	（1）根据"库存现金""银行存款""应收账款""应收票据""主营业务收入""其他业务收入"等科目的记录分析填列 （2）本期由于销售退回而支付的现金从本项目中扣除
2	收到的税费返还	根据实际收到的各种税费金额填列
3	收到的其他与经营活动有关的现金	根据"库存现金""银行存款""营业外收入"等科目的记录分析填列
4	购买商品、接受劳务支付的现金	（1）根据"库存现金""银行存款""应付账款""应付票据""主营业务成本"等科目的记录分析填列 （2）本期发生购货退回收到的现金应从本项目内减去
5	支付给职工以及为职工支付的现金	（1）根据"应付职工薪酬""库存现金""银行存款"等科目的记录分析填列 （2）支付给离退休人员的各种费用不包括在本项目内，应放在"支付其他与经营活动有关的现金"项目中 （3）支付给在建工程人员的工资，要在"购建固定资产、无形资产和其他长期资产支付的现金"项目中反映
6	支付的各项税费	（1）根据"应交税费""库存现金""银行存款"等科目的记录分析填列 （2）不包括计入固定资产价值的税费、耕地占用税等
7	支付其他与经营活动有关的现金	（1）根据有关科目的实际金额分析填列 （2）如果项目金额较大，应单列项目反映

（2）投资活动现金流量的填制。各项目的填制要点如表10-9所示。

表10-9 投资活动现金流量项目的填制

序号	项目	填制要点
1	收回投资收到的现金	（1）根据"交易性金融资产""长期股权投资""库存现金""银行存款"等科目的记录分析填列 （2）本项目不包括长期债权投资收回的利息，以及收回的非现金资产，如原材料、固定资产等
2	取得投资收益收到的现金	本项目可以根据"库存现金""银行存款""投资收益"等科目的记录分析填列，但不包括股票股利
3	处置固定资产、无形资产和其他长期资产收回的现金净额	（1）反映企业处置固定资产、无形资产和其他长期资产所取得的现金，减去为处置这些资产而支付的有关费用后的净额 （2）根据"固定资产清理""库存现金""银行存款"等科目的记录分析填列
4	收到的其他与投资活动有关的现金	根据有关科目的记录分析填列。其他现金流入如果价值较大，应单列项目反映
5	购建固定资产、无形资产和其他长期资产支付的现金	（1）根据"固定资产""在建工程""无形资产""库存现金""银行存款"等科目的记录分析填列 （2）不包括为购建固定资产而发生的借款利息和融资租入固定资产支付的租赁费（在筹资活动产生的现金流量中反映）
6	投资支付的现金	根据"长期股权投资""长期债权投资""短期投资""库存现金""银行存款"等科目的记录分析填列
7	支付其他与投资活动有关的现金	本项目可以根据有关科目的记录分析填列。其他现金流出如果价值较大，应单列项目反映

(3) 筹资活动现金流量的填制。各项目的填制要点如表10-10所示。

表10-10 筹资活动现金流量项目的填制

序号	项目	填制要点
1	吸收投资收到的现金	根据"实收资本""库存现金""银行存款"等科目的记录分析填列
2	借款收到的现金	根据"短期借款""长期借款""库存现金""银行存款"等科目的记录分析填列
3	偿还债务支付的现金	根据"短期借款""长期借款""库存现金""银行存款"等科目的记录分析填列,但不包括偿还的借款利息、债券利息
4	分配股利、利润或偿付利息支付的现金	根据"应付利润""财务费用""长期借款""库存现金""银行存款"等科目的记录分析填列,但不包括通过股票股利或财产股利形式支付的利润
5	其他项目	根据有关科目的记录分析填列

(4) 补充资料的说明。根据《企业会计准则》的规定,现金流量表必须要有附注资料,对各种相关信息进行披露。

① 将净利润调节为经营活动现金流量。企业应当在附注中披露将净利润调节为经营活动现金流量的信息。至少应当单独披露对净利润进行调节的资产减值准备、固定资产折旧、无形资产摊销、待摊费用、财务费用、存货、处置固定资产、无形资产和其他长期资产的损益、投资损益、递延所得税资产和递延所得税负债、经营性应收项目、经营性应付项目等项目。

② 不涉及现金收支的重大投资和筹资活动。企业应当在附注中披露不涉及当期现金收支,但影响企业财务状况或在未来可能影响企业现金流量的重大投资和筹资活动。

③ 现金流量增加额。即通过对现金、银行存款、其他货币资金账户以及现金等价物的期末余额与期初余额比较而得到的数额。

第三部分 会计业务提升期

新手学会计 从入门到精通

导言

和很多岗位相比，会计岗位没有业绩上的压力，工作时间、收入都相对稳定，所以很多年轻人就安心享受生活。但是，会计人的职业不能停留于此。会计新手经过一段时间的业务入门实践之后，要有目标地提升自己的业务能力，使自己不断地"增值"，尤其在财务分析和节税筹划方面。同时，会计人要了解财务岗位的职业发展路径，确定自己的职业目标，并不断地学习以达成目标。

第11章

财务分析

11.1 财务分析的比率指标

11.1.1 变现能力比率

变现能力是企业产生现金的能力,它取决于可以在近期转变为现金的流动资产的多少。

(1)流动比率。

$$流动比率 = \frac{流动资产合计}{流动负债合计}$$

企业设置的标准值:2。

意义:体现企业的偿还短期债务的能力。流动资产越多,短期债务越少,则流动比率越大,企业的短期偿债能力越强。

分析提示:低于正常值,企业的短期偿债风险较大。一般情况下,营业周期、流动资产中的应收账款数额和存货的周转速度是影响流动比率的主要因素。

(2)速动比率。

$$速动比率 = \frac{流动资产合计 - 存货}{流动负债合计}$$

$$保守速动比率 = 0.8 \times \frac{货币资金 + 短期投资 + 应收票据 + 应收账款净额}{流动负债}$$

企业设置的标准值:1。

意义:比流动比率更能体现企业的偿还短期债务的能力。因为流动资产中,还包括变现速度较慢且可能已贬值的存货,因此将流动资产扣除存货再与流动负债对比,以衡量企业的短期偿债能力。

分析提示:低于1的速动比率通常被认为是短期偿债能力偏低。影响速动比率的可信性的重要因素是应收账款的变现能力,账面上的应收账款不一定都能变现，也不一定非常可靠。

变现能力分析总提示如下。

① 增加变现能力的因素：可以动用的银行贷款指标；准备很快变现的长期资产；偿债能力的声誉。

② 减弱变现能力的因素：未做记录的或有负债；担保责任引起的或有负债。

11.1.2 资产管理比率

（1）存货周转率。

$$存货周转率 = 产品销售成本 \div \frac{期初存货 + 期末存货}{2}$$

企业设置的标准值：3。

意义：存货周转率是存货周转速度的主要指标。提高存货周转率，缩短营业周期，可以提高企业的变现能力。

分析提示：存货周转率反映存货管理水平，存货周转率越高，存货的占用水平越低，流动性越强，存货转换为现金或应收账款的速度越快。它不仅影响企业的短期偿债能力，也是整个企业管理的重要内容。

（2）存货周转天数。

$$存货周转天数 = \frac{360}{存货周转率}$$

$$= \left(360 \times \frac{期初存货 + 期末存货}{2}\right) \div 产品销售成本$$

企业设置的标准值：120。

意义：这是存货周转分析的指标，用于反映企业营运能力，也可用来评价企业的存货管理水平，还可用来衡量企业存货的变现能力。

分析提示：存货周转天数越少，表明存货周转次数越多，平均存货越少。但是，存货过少不能满足流转需要，所以存货周转天数不是越少越好。但是也不是说存货周转天数越多越好，因为存货过多会占用过多的资金，造成资源浪费。在特定的生产经营条件下，企业存在一个最佳的存货水平。存货周转天数加上应收账款周转天数再减去应付账款周转天数即得出公司的现金周转周期这一重要指标。

（3）应收账款周转率。

定义：指定的分析期间内应收账款转为现金的平均次数。

$$应收账款周转率 = 销售收入 \div \frac{期初应收账款 + 期末应收账款}{2}$$

企业设置的标准值：3。

意义：应收账款周转率越高，说明其收回越快；反之，说明营运资金过多呆滞在应收账款上，影响正常资金周转及偿债能力。

分析提示：应收账款周转率，要与企业的经营方式结合考虑。以下几种情况使用该指标不能反映实际情况：第一，季节性经营的企业；第二，大量使用分期收款结算方式；第三，大量使用现金结算的销售；第四，年末大量销售或年末销售大幅度下降。

（4）应收账款周转天数。

定义：表示企业从取得应收账款的权利到收回款项、转换为现金所需要的时间。

$$应收账款周转天数 = \frac{360}{应收账款周转率}$$

$$= \frac{期初应收账款 + 期末应收账款}{2} \div 产品销售收入$$

企业设置的标准值：100。

意义：这是应收账款周转率的一个辅助性指标，周转天数越短，说明流动资金使用效率越好，可以衡量公司需要多长时间收回应收账款，属于公司经营能力分析范畴。

分析提示：应收账款周转天数表示在一个会计年度内，应收账款从发生到收回周转一次的平均天数（平均收款期），应收账款周转天数越短越好。应收账款的周转次数越多，则周转天数越短；周转次数越少，则周转天数越长。周转天数越少，说明应收账款变现的速度越快，资金被外单位占用的时间越短，管理工作的效率越高。

（5）营业周期。

$$营业周期 = 存货周转天数 + 应收账款周转天数$$

$$= \frac{期初存货 + 期末存货}{2} \times 360 \div 产品销售成本 +$$

$$\frac{期初应收账款 + 期末应收账款}{2} \times 360 \div 产品销售收入$$

企业设置的标准值：200。

意义：营业周期是从取得存货开始到销售存货并收回现金为止的时间。一般情况下，营业周期短，说明资金周转速度快；营业周期长，说明资金周转速度慢。

分析提示：营业周期，一般应结合存货周转情况和应收账款周转情况一并分析。营业周期的长短，不仅体现企业的资产管理水平，还会影响企业的偿债能力和盈利能力。

11.1.3 负债比率

负债比率是反映债务和资产、净资产关系的比率，即反映企业偿付到期长期债务的能力。

（1）资产负债比率。

$$资产负债率 = \frac{负债总额}{资产总额} \times 100\%$$

企业设置的标准值：0.7。

意义：反映债权人提供的资本占全部资本的比例。该指标也被称为举债经营比率。

分析提示：资产负债比率越大，企业面临的财务风险越大，获取利润的能力也越强。如果企业资金不足，依靠欠债维持，导致资产负债率特别高，偿债风险就应该特别注意了。资产负债率为60%～70%，比较合理、稳健；达到85%及以上时，应视为发出预警信号，企业应提起足够的注意。

（2）产权比率。

$$产权比率 = \frac{负债总额}{股东权益} \times 100\%$$

企业设置的标准值：1.2。

意义：反映债权人与股东提供的资本的相对比例，反映企业的资本结构是否合理、稳定。同时也表明债权人投入资本受到股东权益的保障程度。

分析提示：一般来说，产权比率高是高风险、高报酬的财务结构；产权比率低，是低风险、低报酬的财务结构。从股东的角度来说，在通货膨胀时期，企业举债，可以将损失和风险转移给债权人；在经济繁荣时期，举债经营可以获得额外的利润；在经济萎缩时期，少借债可以减少利息负担和财务风险。

（3）有形净值债务率。

$$有形净值债务率 = \frac{负债总额}{股东权益 - 无形资产净值} \times 100\%$$

企业设置的标准值：1.5。

意义：是产权比率指标的延伸，更为谨慎、保守地反映在企业清算时债权人投入的资本受到股东权益的保障程度。不考虑无形资产包括商誉、商标、专利权以及非专利技术等的价值，它们不一定能用来还债，为谨慎起见，一律视为不能偿债。

分析提示：从长期偿债能力看，较低的比率说明企业有良好的偿债能力，举债规模正常。

11.1.4 盈利能力比率

盈利能力就是企业赚取利润的能力。无论是投资人还是债务人，都非常关心这个项目。在分析盈利能力时，应当排除证券买卖等非正常项目、已经或将要停止的营业项目、重大事故或法律更改等特别项目、会计政策和财务制度变更带来的累积影响数等因素。

（1）销售净利率。

$$销售净利率 = \frac{净利润}{销售收入} \times 100\%$$

企业设置的标准值：0.1。

意义：反映每1元销售收入带来的净利润是多少，表示销售收入的收益水平。

分析提示：企业在增加销售收入的同时，必须要相应获取更多的净利润才能使销售净利率保持不变或有所提高。销售净利率可以分解成为销售毛利率、销售税金率、销售成本率、销售期间费用率等指标进行分析。

（2）销售毛利率。

$$销售毛利率 = \frac{销售收入 - 销售成本}{销售收入} \times 100\%$$

企业设置的标准值：0.15。

意义：表示每1元销售收入扣除销售成本后，有多少钱可以用于各项期间费用和形成盈利。

分析提示：销售毛利率是企业销售净利率的基础，没有足够大的销售毛利率便不能形成盈利。企业可以按期分析销售毛利率，据以对企业销售收入、销售成本的发生及配比情况做出判断。

（3）资产净利率（总资产报酬率）。

$$资产净利率 = \frac{净利润}{\frac{期初资产总额 + 期末资产总额}{2}} \times 100\%$$

企业设置的标准值：根据实际情况而定。

意义：把企业一定期间的净利润与企业的资产相比较，表明企业资产的综合利用效果。指标越高，表明资产的利用效率越高，说明企业在增加收入和节约资金等方面取得了良好的效果；否则相反。

分析提示：资产净利率是一个综合指标。净利的多少与企业资产的多少、资产的结构、经营管理水平有着密切的关系。影响资产净利率高低的原因包括产品的价格、单位产品成本的高低、产品的产量、销售的数量、资金占用量的大小。可以结合杜邦财务分析体系来分析经营中存在的问题。

（4）净资产收益率（权益报酬率）。

$$净资产收益率 = \frac{净利润}{\frac{期初所有者权益合计 + 期末所有者权益合计}{2}} \times 100\%$$

企业设置的标准值：0.08。

11.1.5 流动性分析指标

流动性分析是将资产迅速转变为现金的能力。

（1）现金到期债务比。

$$现金到期债务比 = \frac{经营活动现金净流量}{本期到期的债务}$$

$$本期到期债务 = 一年内到期的长期负债 + 应付票据$$

企业设置的标准值：1.5。

意义：以经营活动的现金净流量与本期到期的债务比较，可以体现企业的偿还到期债务的能力。

分析提示：企业能够用来偿还债务的除借新债还旧债外，一般应当是经营活动的现金流入才能还债。

（2）现金流动负债比。

$$现金流动负债比 = \frac{年经营活动现金净流量}{期末流动负债}$$

企业设置的标准值：0.5。

意义：反映经营活动产生的现金对流动负债的保障程度。

分析提示：一般该指标大于1，表示企业流动负债的偿还有可靠保证。该指标越大，表明企业经营活动产生的现金净流量越多，越能保障企业按期偿还到期债务，但也并不是越大越好，该指标过大则表明企业流动资金利用不充分，盈利能力不强。

(3) 现金债务总额比。

$$现金流动负债比 = \frac{经营活动现金净流量}{期末负债总额}$$

企业设置的标准值：0.25。

意义：该指标旨在衡量企业承担债务的能力，是评估企业中长期偿债能力的重要指标，同时它也是预测企业破产的可靠指标。

分析提示：这一比率越高，企业承担债务的能力越强，破产的可能性越小；这一比率越低，企业财务灵活性越差，破产的可能性越大。

11.1.6 获取现金的能力指标

(1) 销售现金比率。

$$销售现金比率 = \frac{经营活动现金净流量}{销售额}$$

企业设置的标准值：0.2。

意义：反映每元销售得到的净现金流入量，其值越大越好。

分析提示：计算结果要与过去比较，与同业比较才能确定高与低。这个比率越高，企业的收入质量越好，资金利用效果越好。

(2) 每股营业现金流量。

$$每股营业现金流量 = \frac{经营活动现金净流量}{普通股股数}$$

普通股股数由企业根据实际股数填列。

企业设置的标准值：根据实际情况而定。

意义：反映每股经营所得到的净现金，其值越大越好。

分析提示：该指标反映企业最大分派现金股利的能力。超过此限，就要借款分红。

(3) 全部资产现金回收率。

$$全部资产现金回收率 = \frac{经营活动现金净流量}{期末资产总额}$$

企业设置的标准值:0.06。

意义:说明企业资产产生现金的能力,其值越大越好。

分析提示:把上述指标求倒数,则可以分析全部资产用经营活动现金回收,需要的期间长短。因此,这个指标体现了企业资产回收的含义。回收期越短,说明资产获现能力越强。

11.1.7 财务弹性分析指标

(1)现金满足投资比率。

$$现金满足投资比率 = \frac{近5年累计经营活动现金净流量}{同期内的资本支出、存货增加、现金股利之和}$$

企业设置的标准值:0.8。

取数方法:近5年累计经营活动现金净流量应指前5年的经营活动现金净流量之和;同期内的资本支出、存货增加、现金股利之和也从现金流量表相关栏目取数,均取近5年的平均数。

资本支出,从购建固定资产、无形资产和其他长期资产所支付的现金项目中取数。存货增加,从现金流量表附表中取数。取存货的减少栏的相反数即存货的增加。现金股利,从现金流量表的主表中,分配利润或股利所支付的现金项目取数。如果实行新的企业会计制度,该项目为分配股利、利润或偿付利息所支付的现金,则取数方式为主表分配股利、利润或偿付利息所支付的现金项目减去附表中财务费用。

意义:说明企业经营产生的现金满足资本支出、存货增加和发放现金股利的能力,其值越大越好。比率越大,资金自给率越高。

分析提示:达到1,说明企业可以用经营获取的现金满足企业扩充所需资金;若小于1,则说明企业部分资金要靠外部融资来补充。

(2)现金股利保障倍数。

$$现金股利保障倍数 = \frac{每股营业现金流量}{每股现金股利}$$

$$= \frac{经营活动现金净流量}{现金股利}$$

企业设置的标准值:2。

意义：该比率越大，说明支付现金股利的能力越强，其值越大越好。

分析提示：分析结果可以与同业比较，与企业过去比较。

（3）营运指数。

$$营运指数 = \frac{经营活动现金净流量}{经营应得现金}$$

其中：

经营所得现金＝经营活动净收益＋非付现费用

＝净利润－投资收益－营业外收入＋营业外支出＋

本期提取的折旧＋无形资产摊销＋待摊费用摊销＋

递延资产摊销

企业设置的标准值：0.9。

意义：分析会计收益和现金净流量的比例关系，评价收益质量。

分析提示：接近1，说明企业可以用经营获取的现金与其应获现金相当，收益质量高；若小于1，则说明企业的收益质量不够好。

11.2 财务分析的方法

11.2.1 比率分析法

比率分析法是把两个相互联系的项目加以对比，计算出比率，以确定经济活动变动情况的分析方法。比率指标主要有以下三类。

① 效率比率。效率比率是反映经济活动中投入与产出、所费与所得的比率，以考察经营成果，评价经济效益的指标，如成本利润率、销售利润率及资本利润率等指标。

② 结构比率。结构比率又称构成比率，是某项经济指标的某个组成部分与总体的比率，反映部分与总体的关系。其计算公式为

$$结构比率 = \frac{某个组成部分}{总体数额}$$

利用结构比率可以考察总体中某部分形成与安排的合理性，以协调各项财务活动。

③ 相关比率。相关比率是将两个不同但又有一定关联的项目加以对比得出的

比率，以反映经济活动的各种相互关系。实际上财务分析的许多指标都是这种相关比率，如流动比率、资金周转率等。

比率分析法的优点是计算简便，计算结果容易判断分析，而且可以使某些指标在不同规模企业间进行比较，但要注意以下几点。

a.对比项目的相关性。计算比率的分子和分母必须具有相关性，否则不具有可比性。构成比率指标必须是部分与总体的关系；效率比率指标要具有某种投入产出关系；相关比率指标分子、分母也要有某种内在联系，否则比较就毫无意义。

b.对比口径的一致性。计算比率的子项和母项在计算时间、范围等方面要保持口径一致。

c.衡量标准的科学性。要选择科学合理的参照标准与之对比，以便对财务状况做出恰当评价。

11.2.2　因素分析法

一个经济指标往往是由多种因素造成的，它们各自对某一个经济指标都有不同程度的影响。只有将这一综合性的指标分解成各个构成因素，才能从数量上把握每一个因素的影响程度，给工作指明方向，这种通过逐步分解来确定几个相互联系的因素对某一综合性指标的影响程度的分析方法叫因素分析法或连环替代法。

例如，某项财务指标 P 由 A、B、C 三大因素的乘积构成，其实际指标与标准指标以及有关因素关系由下式构成。

实际指标：$P_a = A_a B_a C_a$。

计划指标：$P_s = A_s B_s C_s$。

实际与计划的总差异为 $P_a - P_s$，这一总差异同时受到 A、B、C 三个因素的影响。

它们各自的变动对指标总差异的影响程度可分别由下式计算求得。

A 因素变动影响：$(A_a - A_s) B_s C_s$。

B 因素变动影响：$A_a (B_a - B_s) C_s$。

C 因素变动影响：$A_a B_a (C_a - C_s)$。

将以上三个因素的影响数相加应该等于总差异 $P_a - P_s$。

实例 ▶▶▶

某企业甲产品的材料成本见下表，运用因素分析法分析各因素变动对材料成本的影响程度。

材料成本资料表

项目	计量单位	计划数	实际数
产品产量	件	160	180
单位产品材料消耗量	千克/件	14	12
材料单价	元/千克	8	10
材料总成本	元	17 920	21 600

根据以上资料分析如下。

材料成本＝产量×单位产品材料消耗量×材料单价

材料成本总差异＝21 600－17 920＝3 680（元）

产量变动对材料成本的影响值：（180－160）×14×8＝2 240（元）。

单位产品材料消耗量变动对材料成本的影响值：180×（12－14）×8 ＝－2 880（元）。

材料单价变动对材料成本的影响值：180×12×（10－8）＝4 320（元）。

将以上三因素的影响值相加：2 240＋（－2 880）＋4 320＝3 680（元）。

因素分析法既可以全面分析各因素对某一经济指标的影响，又可以单独分析某个因素对某一经济指标的影响，在财务分析中颇为广泛，但应用因素分析法时须注意以下几个问题。

① 因素分解的关联性。即构成经济指标的各因素确实是形成该项指标差异的内在构成原因，它们之间存在着客观的因果关系。

② 因素替代的顺序性。替代因素时，必须按照各因素的依存关系，排列成一定顺序依次替代，不可随意加以颠倒，否则各个因素的影响值就会得出不同的计算结果。在实际工作中，往往是先替代数量因素，后替代质量因素；先替代实物量、劳动量因素，后替代价值量因素；先替代原始的、主要的因素，后替代派生的、次要的因素；在有除号的关系式中，先替代分子，后替代分母。

③ 顺序替代的连环性。计算每个因素变动的影响数值时，都是在前一次计算的基础上进行的，并采用连环比较的方法确定因素变化影响结果。只有保持这种连环性，才能使各因素影响之和等于分析指标变动的总差异。

④ 计算结果的假定性。由于因素分析法计算各个因素变动的影响值会因替代计算顺序的不同而有差别，因而，计算结果具有一定顺序上的假定性和近似性。

11.2.3 趋势分析法

趋势分析法是将两期或连续数期财务报告中相同指标进行对比,确定其增减变动的方向、数额和幅度,以说明企业财务状况及经营成果变动趋势的一种方法。趋势分析法主要有三种比较方式。

(1) 重要财务指标的比较。这种方法是将不同时期财务报告中相同的重要指标或比率进行比较,直接观察其增减变动情况幅度及发展趋势。它又分以下两种比率。

① 定基动态比率。它是将分析期数额与某一固定基期数额对比计算的比率。其计算公式为

$$定基动态比率 = \frac{分析期指标}{固定基期指标}$$

② 环比动态比率。它是将每一分析期数额与前一期同一指标进行对比计算得出的动态比率。其计算公式为

$$环比动态比率 = \frac{分析期指标}{分析前期指标}$$

(2) 会计报表的比较。这种方法是将连续数期的会计报表有关数字并行排列,比较相同指标的增减变动金额及幅度,以此来说明企业财务状况和经营成果的发展变化。一般可以通过编制比较资产负债表、比较损益表及比较现金流量表来进行,计算出各有关项目增减变动的金额及变动比例(%)。

(3) 会计报表项目构成的比较。这种方法是以会计报表中某个总体指标作为100%,再计算出报表各构成项目占该总体指标的比例(%),依次来比较各个项目比例的增减变动,以及判断有关财务活动的变化趋势。这种方法既可用于同一企业不同时期财务状况的纵向比较,又可用于不同企业间的横向比较,还可以消除不同时期(不同企业)间业务规模差异的影响,有助于正确分析企业财务状况及发展趋势。

但采用趋势分析法时,应注意以下几个问题。
① 用于对比的各项指标的计算口径要一致。
② 剔除偶然性因素的影响,使分析数据能反映正常的经营及财务状况。
③ 对有显著变动的指标要作重点分析。

11.3 财务分析常用表格

11.3.1 财务状况分析表

财务状况分析表如表11-1所示。

表11-1 财务状况分析表

项次	项目	财务状况	评核		
			良	可	差
1	资金状况	□投资事业过多 □增资困难			
2	资金冻结	□严重 □尚可 □轻微			
3	利息负担	□高 □中 □低			
4	设备投资	□过多未充分利用 □已充分利用 □设备不足 □设备陈旧			
5	销售价格	□好 □尚有利润 □差			
6	销售量	□供不应求 □供求平衡 □销售水平差			
7	应收款	□赊销过多 □尚可 □甚少			
8	应收票据	□期票过多 □适中 □支票甚少			
9	退票坏账	□很多 □尚可 □甚少			
10	生产效率	□高 □尚可 □差			
11	附加价值	□低 □尚可 □差			
12	材料库存	□多 □适中 □短			
13	采购期	□过长 □适中 □短			
14	耗料率	□高 □中 □理想			
15	产品良品率	□低 □中 □高			
16	人工成本	□高 □适中 □低			
17	成品库存	□多 □适中 □少			
18	在制品库存	□多 □适中 □少			

11.3.2 月份财务分析表

月份财务分析表如表11-2所示。

表11-2　月份财务分析表

资产项目	上月价值	本月价值	净增加	负债项目	上月金额	本月金额	净增加
现金				应付账款			
银行存款				应付票据			
应收账款				暂收款			
应收票据				其他			
在制品库存				小计			
在制品价值				借款			
原料库存				股本			
物料库存				本期盈余			
				累积盈余			
其他				合计			
小计				存货类别	原料	物料	在制品	制成品
固定资产				上期结存			
折旧				本期入库			
存出保证金				折让			
暂存款				本期结存			
其他				本期出库			
小计				生产耗用			
合计				其他耗用			

11.3.3 年度财务分析表

年度财务分析表如表11-3所示。

表11-3 年度财务分析表

单位：

指标名称	本期数	上年同期数	增减率	指标名称	本期数	上年同期数	增减率
营业收入/元				总产值/元			
利润/元				应收账款周转天数/天			
创汇额/美元				流动资金周转天数/天			
				存货周转天数/天			
存货/元				销售利润率/%			
借款总额/元				产品销售率/%			
应收账款/元				负债比率/%			
员工人数/人				投资收益率/%			
本年度财务状况分析							

11.3.4 资金收支实际与预算比较表

资金收支实际与预算比较表如表11-4所示。

表11-4 资金收支实际与预算比较表

日期：

摘要	实际金额	预算金额	差异金额	差异率/%	说明
收入					
销货收入					
废料收入					
短期借款					

续表

摘要	实际金额	预算金额	差异金额	差异率/%	说明
其他收入					
收入合计					
支出					
工资					
原料					
物料					
间接材料					
维护修理					
设备零件					
电力动力					
水电费					
工程、机器设备					
运费					
交通费					
员工福利					
劳工保险					
保险费					
利息					
伙食费					
交际费					
广告费					
其他费用					
支出合计					
收支差额					

11.4 编制财务分析报告

财务分析是公司财务管理的重要组成部分,财务部应对公司经营状况和经营成果进行总结、评价和考核。通过对财务活动进行分析,可促进增收节支,充分发挥资金效能。通过对财务活动不同方案和经济效益的比较,为领导或有关部门的决策提供依据。

11.4.1 财务分析报告的出具日期

通常3月和9月为季度财务分析,6月和12月为半年和年度财务分析;每季的财务分析报告应在下月的20日之前出具,出具后经领导审定无误才能予以下发。

11.4.2 财务报告的工作流程

每季末待财务报表出具之后向相关核算岗收集财务分析报告所需资料和信息→编制财务分析报告→交经理审查→将审定后的财务分析报告打印→复印若干份→向经理请示后下发相关人员。

11.4.3 财务分析报告的内容

财务分析报告均应包含以下几个方面的内容,即提要段、说明段、分析段、评价段和建议段,具体说明如表11-5所示。

表11-5 财务分析报告的内容

部分	项目	写作要点
第一部分	提要段	提要段是概括公司综合情况,让财务报告接受者对财务分析说明有一个总括的认识
第二部分	说明段	说明段是对公司运营及财务现状的介绍。该部分要求文字表述恰当、数据引用准确。对经济指标进行说明时可适当运用绝对数、比较数及复合指标数。特别要关注公司当前运作上的重心,对重要事项要单独反映。公司在不同阶段、不同月份的工作重点有所不同,所需要的财务分析重点也不同。如公司正进行新产品的投产、市场开发,则公司各阶层需要对新产品的成本、回款、利润数据进行分析的财务分析报告

续表

部分	项目	写作要点
第三部分	分析段	分析段是对公司的经营情况进行分析研究。在说明问题的同时还要分析问题，寻找问题的原因和症结，以达到解决问题的目的。财务分析一定要有理有据，要细化分解各项指标，因为有些报表的数据是比较含糊和笼统的，要善于运用表格、图示，突出表达分析的内容。分析问题一定要善于抓住当前要点，多反映公司经营焦点和易于忽视的问题
第四部分	评价段	评价段是做出财务说明和分析后，对于经营情况、财务状况、盈利业绩，应该从财务角度给予公正、客观的评价和预测。财务评价不能运用似是而非、可进可退、左右摇摆等不负责任的语言，评价要从正面和负面两方面进行，评价既可以单独分段进行，也可以将评价内容穿插在说明部分和分析部分
第五部分	建议段	建议段是财务人员在对经营运作、投资决策进行分析后形成的意见和看法，特别是对运作过程中存在的问题所提出的改进建议。值得注意的是，财务分析报告中提出的建议不能太抽象，而要具体化，最好有一套切实可行的方案

11.4.4 撰写财务分析报告的步骤

（1）财务报告撰写前的准备工作。

① 收集资料。收集资料是一个调查过程，深入全面的调查是进行科学分析的前提，但调查要有目的地进行。分析人员可以在日常工作中，根据财务分析内容要点，经常收集、积累有关资料。这些资料既包括间接的书面资料，又包括从直属企业取得的第一手资料。具体内容如下。

a.各类政策、法规性文件。

b.历年的财务分析报告。

c.各类报纸、杂志公布的有关资料。

d.统计资料或年度财务计划。

② 整理核实资料。资料收集齐全后，要加以整理核实，保证其合法性、正确性和真实性，同时根据分析的内容进行分类。整理、核实资料是财务分析工作中的中间环节，起着承上启下的作用。在这一阶段，分析人员应根据分析的内容和要点做些摘记，合理分类，以便查找和使用。

应该指出，搜集资料和整理、核实资料不是截然分离的两个阶段，一般可以边搜集边核实、整理，相互交叉进行。但切忌临近撰写分析报告时才收集资料，应把这项工作贯穿在日常工作中进行，这样才能收集到内容丰富、涉及面广、有参考价值的资料，在进行分析时就会胸有成竹、忙而不乱。

（2）财务分析报告的起草。在收集、整理好资料，确定分析报告的标题后，就可以根据企业经营管理的需要进入编制财务分析报告的阶段。这个阶段的首要工作就是起草报告。起草报告应围绕标题并按报告的结构进行。特别是专题分析报告，要将问题分析透彻，真正地分析问题、解决问题。对综合分析报告的起草，最好先拟订报告的编写提纲，然后在提纲框架的基础上，依据所收集、整理的资料，选择恰当的分析方法，起草综合分析报告。

（3）财务分析报告的修改和审定。财务分析报告起草后形成的初稿，可交主管领导审阅，并征求主管领导的意见和建议，再反复推敲，不断进行修改，充实新的内容，使其更加完善，更能反映出所编制的财务分析报告的特点，直至最后由主管领导审定。审定后的财务分析报告应填写编制单位和编制日期，并加盖单位公章。

第 12 章

节 税 筹 划

12.1 何谓节税筹划

节税筹划,是指纳税人在既定的税法和法治框架内,从多种纳税方案中进行科学、合理的事前选择和规划,使企业本身税负减轻的一种财务管理活动。节税筹划不同于偷税和避税,偷税要受到法律的制裁,避税要受到反避税的制约,而节税筹划则不然,它是在符合国家立法意图的情况下进行的一种合法的经济理财行为。

节税筹划与逃税虽然都是纳税人减轻税收负担的行为,但国家却对它们持不同的态度,这是因为它们之间存在明显的区别,如表12-1所示。

表12-1 节税筹划与逃税的区别

涉及的方面	节税筹划	逃税
经济方面	节税筹划是有意减轻或解除税收负担,只是采取正当手段,对经济活动的方式进行组织安排	逃税是在纳税人的实际纳税义务已发生并且确定的情况下,采取不正当或不合法的手段逃避其纳税义务,结果是减少其应纳税款,是对其应有税收负担的逃避
法律方面	节税筹划是在遵守税法、拥护税法的前提下,进行税负减轻和少纳税的活动,是遵守税法的	逃税在形式上表明纳税人有意识地采取谎报和隐匿有关纳税情况及事实等非法手段,以达到少缴或不缴税款的目的,其行为具有欺诈性质
手段方面	节税筹划以寻找及利用税收法律、法规中的优惠政策等,使应税事实变为纳税义务较轻的应税事实,从而达到节税的目的	逃税对应税事实隐瞒或者做虚假陈述,经税务机关通知申报而拒不申报或进行虚假的纳税申报的手段,来实现不履行已发生的纳税义务

12.2 合理筹划的要点

合理的节税筹划,对企业来说可以减少纳税额。但是,会计对有些问题还是需要仔细研究，以免触及法律。节税筹划应注意以下4个问题。

12.2.1 熟悉税法

合理避税需要纳税者对税法非常熟悉和充分理解，必须能够了解什么是合法，什么是非法，以及合法与非法的临界点。在总体上确保企业的经营活动和有关行为的合法性，知晓税收管理中的优惠政策等，为企业节税、避税提供必要的保障。

12.2.2 通晓征税方法

企业要对税务机关征收税款的具体方法和程序具有深入的了解及研究，在税收征管程序上寻找有可能帮助纳税人的地方，为企业更好地节税、避税创造有利条件。

12.2.3 了解"合理与合法"的界定

法律条文的权威性毋庸置疑，税法的执法实践也对纳税人的纳税有着切实的引导作用。全面了解税务机关对"合理和合法"纳税的法律解释及执法实践，是合理避税的前期工作。

12.2.4 考虑避税效益和避税成本

企业必须具有一定的经营规模和收入规模，值得进行节税筹划并能够支付筹划费用。如果纳税人经营规模较小，缴纳税种单一，对其筹划可能会增加纳税人的费用支出，尽管筹划人员花费了时间和精力，但却达不到效果。因此，进行节税筹划的企业必须具有一定的经济实力，并且要有筹划的必要性。

12.3 不同税种节税筹划要领

12.3.1 城建税

（1）利用纳税地点不同进行纳税筹划。将委托加工与利用地区差别比例税率和纳税地点的不同进行节税筹划，城市维护建设税的负担是有区别的。

（2）利用纳税人不同进行节税筹划。对外商投资企业和外国企业缴纳的增值税、消费税和营业税不征收城市维护建设税，所以企业在筹建或者对外投资时可以尽量选择涉外企业，这样企业在不缴纳城市维护建设税的同时，还可能享受到涉外企业带来的其他方面的税收优惠政策。

12.3.2 资源税

（1）利用纳税人不同进行节税筹划。矿区使用费按照每个油田、气田日历年度原油或者天然气总产量分别计征，不同的地区规定不同的费率，并采用实物缴纳。

不同的税、费率形式在同一个纳税年度导致纳税人的资源税负担不同。

（2）利用纳税人与扣缴义务人区别进行节税筹划。利用纳税人与扣缴义务人的区别进行节税筹划，主要是利用纳税人与扣缴义务人适用的定额税率的不同进行筹划。

（3）利用课税数量特殊性规定进行节税筹划。纳税人可以利用税务机关规定的换算课税数量的方法与实际课税数量的差异进行筹划。

（4）利用准确核算减免税产品数量进行节税筹划。纳税人应当准确核算各税目的课税数量，清楚地区分出应税产品和免税产品，应纳税产品适用何种税率，从而充分享受税收优惠，以达到节约资源税的目的。

12.3.3 土地增值税

土地增值税的筹划适用于在中国境内有偿转让国有土地使用权及地上一切建筑物和其他附着物产权并取得收入的单位与个人。

（1）利用增值额进行节税筹划。首先利用分解筹划法，即将可以分开、单独处理的部分（如与房屋配套的各种设施）从整个房地产中分离出来，从而使得转让收入变少，降低纳税人应缴纳的土地增值税；其次找出两种房地产开发费用扣除办法的平衡点。

（2）利用税收优惠政策节税筹划。在分开计算的情况下，纳税人对于建造的普通住宅可以充分利用起征点的规定进行节税筹划。

（3）项目管理方面的节税筹划。利用"分劈"手段将项目进行分解，以减轻纳税人的税收负担。作为一个整体的开发项目，它由不同的分项组成，如建筑工程、安装工程、装饰装修工程、设备购置等，这些项目不可能同时完工。纳税人可以利用不同工程的性质，让其适用不同的税种，以减轻税收负担。

12.3.4 城镇土地使用税

（1）利用土地级别的不同进行节税筹划。纳税人在投资建厂时可以利用不同等级土地的接壤处进行节税筹划，在不影响经营的情况下节约城镇土地使用税。

（2）计税依据节税筹划。城镇土地使用税的计税依据是纳税人实际占用的土地面积。采用定额税率形式，根据征税范围的不同地区规定不同的有幅度的差别税额。在不同的情况下，计税的土地面积并不相同，这就为纳税人筹划提供了可能性。

如果纳税人尚未核发土地使用证书，可以根据纳税人申报的土地面积缴纳城镇土地使用税，虽然土地使用证书核发以后还要做调整，但是利用时间差获取纳税的时间价值，对企业来说也是有利无弊的。

（3）利用税收优惠政策进行节税筹划。纳税人可以准确地核算用地面积，将享受优惠政策的土地与其他土地区别开来，就可以享受免税条款带来的税收优惠。

12.3.5 房产税的节税筹划

企业的房产产权有的是直接购买房屋形成的，有的是取得土地使用权以后经过开发建造形成的。如果是后者，就可以利用从无形资产向不动产转变过程中的时间推移进行房产税的节税筹划。

12.3.6 车船税的节税筹划

对于这种形式的税率，纳税人避税的最简单办法是避免在高于各级的临界点附近购买船舶，否则会出现税额的剧烈增加现象。

12.3.7 车辆购置税的节税筹划

如果纳税人将临时牌照费、购买工具的费用、代收保险金和车辆装饰费等费用分开由有关单位（企业）另行开具票据，可使其不计车辆购置税。

12.3.8 印花税的节税筹划

（1）利用租赁期限的不同进行节税筹划。
（2）利用合同金额的不确定性进行节税筹划。
（3）委托加工方面的节税筹划。

12.3.9 契税的节税筹划

纳税人利用交换价格差额进行筹划主要有两个渠道，一个是尽量缩小交换价格的差额；另一个是单方面的转让行为异化为交换行为。

利用三方或三方以上对房地产的不同需求进行节税筹划。

契税的筹划除了利用一般的税收优惠政策以外，还可以利用市场经济中的企业之间合并、分立、股权重组等情况进行纳税筹划。

作为纳税人，最主要的是在行为发生之前就应就可能发生的税收行为进行筹划。

第 13 章

会计人职业生涯规划

会计人想要做好财务，就要制定好会计职业规划，这样才会在以后的工作中不断发展进步。当然我们首先要了解会计人的职业发展路径，以及最高的目标职业岗位的知识要求与能力要求，并且不断地学习，以使自己不断地"增值"，最终达成自己的职业目标。

13.1 会计人的职业发展路径

13.1.1 会计人的五个层级

会计人的五个层级，如图 13-1 所示。

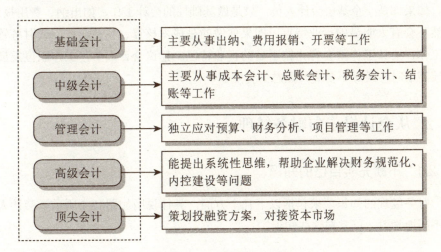

图 13-1 会计人的五个层级

13.1.2 会计人的晋升之路

（1）从基层起步，苦练技能，把自己锤炼成业务骨干。

（2）当上主管，领导一两个下属，指导他们工作，既管事，又管人。

（3）当上财务经理，负责财务部的工作，领导数名主管，过渡到管理者。

(4）当上 CFO（首席账务官），开始对经营负责，由技术干部上升为经营干部。

(5）当上 CEO，由独当一面转为全面负责。

13.1.3 会计人岗位通道

会计岗位有很多，但是都需要从最基层做起。

做出纳：熟悉银行业务与票据。

转费用会计：审核发票，熟悉财务软件。

转成本会计：这是会计核算非常复杂的模块，包括增值税认证、库存管理、成本分摊等。会计人如果能把这些业务牢牢掌握，基本功就算夯实了。

转总账会计：负责结账与做报表、折旧摊销、税费计提、对账、查错，这些工作能做好，证明会计人员具有全局的眼光。

13.1.4 财务岗位与行业特点的关联度

会计是通用型工作，做会计工作行业特点明显吗？这个问题要分两个层面去看。如果你是一个基层会计人员，只是做基础性的会计工作，如出纳、费用报销，自然不会有太明显的行业特点。如果你做的是成本核算、税务会计，或财务管理类工作，会计工作就会有比较明显的行业特色。建议会计人员，工作职位发展到比较高端时，最好不要离开熟悉的行业。

13.2 从会计岗走向财务经理

13.2.1 不断充实自己的知识

财务经理的知识要求包括以下几个方面，具体说明如图13-2所示，会计人员要不断地学习，以掌握这些知识。

| 要求一 | 会计知识 |

会计账目是财务经理进行管理活动的基础和基本信息来源，现代企业的一切活动和营运情况都是通过会计账目来表现的。基本会计报表是资产负债表、损益表和现金流量表。财务经理在考虑经营决策时，都要应用会计账目的信息数据。因此，财务经理必须熟悉会计知识。

要求二 经济学知识

经济学知识可以为财务经理提供正确的思维方法，使他能够分析经济形势对企业经营的影响。要分析经济环境和形势，财务经理就需要了解政府的货币和财政政策，这些都属于宏观的范围；还需要懂得基本的市场运作原理和资源的优化配置，特别是边际成本与边际效益的概念，这些又属于微观经济学的范围。

要求三 相关专业知识

如企业财务学、审计学、管理会计学、成本会计学、电算化会计知识等，这些专业知识是财务经理开展财务管理工作的基础。

要求四 生产和市场营销知识

如产品销售方法与渠道等。因为产销情况发生变化，需要财务经理做出相应的决策。例如，需要多少资金及资金需要量变化对现金流量的影响等。

要求五 国家有关财务、会计、税务工作的政策法规

如《中华人民共和国公司法》《中华人民共和国会计法》《企业会计准则》《中华人民共和国票据法》《企业财务通则》《银行结算办法》《中华人民共和国税法》《中华人民共和国企业所得税法》等。

图 13-2 财务经理的知识要求

13.2.2 提升自己的综合能力

财务管理岗（尤其是财务经理）的综合能力要求包括以下几个方面，会计人员要加强这方面的学习，并且要善于观察并请教本公司的财务经理以便获得一些实际的指导。

（1）理财能力。财务经理的理财就是组织财务工作、处理各种财务关系的一种管理活动。理财就是要讲究"生财""聚财""用财"之道。财务经理作为"管家"，理财工作可细分为以下几种，如图 13-3 所示。

工作一	负责组织编制和执行本企业的预算、财务收支计划和信贷计划
工作二	负责筹措本企业所需资金,开辟财源,有效使用资金
工作三	按总部下达的定额指标,进行成本费用预测、计划、控制、核算、分析和监督

图 13-3　财务经理的理财工作

（2）财务决策能力。企业的任何一项财务工作，都需要财务经理做出正确的决策，而财务经理的决策能力决定着财务工作的质量。财务经理的决策能力在实际工作中具体表现为以下几种，如图13-4所示。

能力一	财务经理调查、分析、预测未来的能力,这是做好一切工作的先导和基石
能力二	财务经理发现问题、提出目标的能力,这可促使其向总经理及时反映企业生产经营过程中存在的具体问题,并迅速提出处理意见
能力三	财务经理在对日常事务进行处理时应从容镇定,在危机来临时应迅速决断

图 13-4　财务经理的决策能力

（3）财务控制能力。财务控制的重点体现出财务经理的全局把握能力。企业的每个环节、每个角落都渗透着财务控制的精髓，在这些方面体现出财务控制的各个相关要素。

财务经理的控制能力表现在授权和组织两个方面。财务经理应该充分调动下属各部门的积极性，使他们各尽其能、各司其职。

（4）领导能力。财务经理主持企业的财务管理工作，需要配合企业高层组织一定的人力、物力、财力，为实现企业的年度经营目标而努力。这就要求财务经理必须具备一定的领导能力，具体说明如图13-5所示。

（5）协调能力。财务经理的协调能力主要是指处理好与集团总部、企业总经理、部门、下属以及税务和银行之间人际关系的能力，具体说明如图13-6所示。

能力一　有领导企业财务管理的战略头脑

即具有广阔的视野，善于从企业生产经营过程中发现和掌握本企业财务管理及会计核算的规律，根据国家财经法规和税务制度，按总部的要求，结合企业所在地的实际情况，形成一套行之有效的财务运作方案

能力二　知人善用的能力

财务经理在实际工作中必须具有慧眼识英才的能力，对德才兼备的人应因材施用；同时，心胸要宽广，虚心学习，互助友爱，营造一个良好的工作环境，给工作群体带来成功的希望，使人们对其产生敬佩感，从而便于有效地开展工作

图 13-5　财务经理的领导能力

取得上级和税务部门的信任与理解，对他们的指令应服从，如有异议，应采取适当的方式加以说明和化解，而不能当面顶撞；与部门之间应相互配合，分清职责，不争名夺利；支持和肯定下属的工作，认真听取和采纳其建议

了解上级和税务部门，把握他们的整体思路和规章制度；了解其他各部门，相互沟通信息，工作协调一致；了解下属，知道他们需要哪些支持和帮助，有哪些困难和苦衷

完成上级和税务部门交办的任务，及时填报各种报表、资料；与部门之间不相互嫉妒、攻击；对下属应适度奖励，帮助他们解决一些具体问题

图 13-6　财务经理的协调能力

（6）表达能力。表达能力可分为口头表达能力和书面表达能力。财务经理必须善于言辞，擅长分析，否则难以担当上级决策的助手。

（7）组织能力。组织能力表现在用人授权和指挥控制两个方面。财务经理能合理地使用手下的员工，使他们人尽其才、才尽其用，从而全方位调动他们的积极性，使其各尽其能、各司其职。

（8）意志能力。财务经理在实际工作中应坚韧不拔，面对纷繁复杂的财务工

作，必须头脑敏锐、思路清晰；面对谬论和诱惑，必须心如止水，做好自己的本职工作。

13.3 从财务经理到CFO

CFO是Chief Financial Officer的缩写，意为首席财政官或财务总监，是现代企业中最重要、最有价值的高层管理职位之一，也是很多会计人的职业目标。

13.3.1 CFO的工作职责

CFO是首席执行官和部门主管在战略和经营方面的主要顾问，负责管理企业的财务和计划工作，其工作职责如图13-7所示。

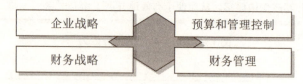

图13-7 CFO的工作职责

（1）企业战略。CFO应在协调制定价值最大化的全面战略方面起主导作用，具体说明如图13-8所示。

作用一 确保编制的计划能从现有的业务出发，为企业创造最大价值

（1）不断地评估计划的价值创造潜力
（2）确保计划对主要问题的针对性。因此，应对经营变化的各种假定和理由进行反复考证，并为价值创造机遇提供外部参考信息（如某些业务对于其他可能所有者的价值）
（3）就重大提案向首席执行官和部门主管提供专家意见
（4）制定财务衡量标准，建立目标完成情况监督系统

作用二 协助制定企业扩张战略，创造更大的股东价值

（1）对与目前业务密切相关的市场机遇提出意见
（2）评估企业利用机遇的能力和资产条件，并针对欠缺的能力提出弥补方案
（3）对具体的提案进行业务和财务评估

图13-8 CFO在企业战略方面起的主导作用

（2）财务战略。CFO应负责制定、建议和实施全面的财务战略，为企业的经营战略提供支持，为股东创造最大价值。

① 提出机遇价值创造的资本和红利政策建议。
② 设计并管理向投资者和金融界阐述企业计划要点与经营状况的策略。
③ 洽谈并履行所有重大金融交易，包括借贷、股票发行、股票回购。

（3）预算和管理控制。CFO应制定并执行一定的程序，以确保企业的管理者取得正确信息，用以确定目标、做出决策、监督经营。

① 协调编制短期预算。
② 确定每个业务单元的主要绩效标准。
③ 确保业务单元有充分的管理控制权。
④ 与首席执行官和部门主管一起评估业务单元的绩效。

（4）财务管理。CFO确保对企业财务进行有效的管理。

① 确保所有对外报告的完成和对外义务的履行。
② 建立控制制度，确保企业财产的安全。
③ 确保现金管理、应收款管理和应付款管理的完整和高效率。
④ 履行所有的报税和纳税义务。
⑤ 寻求降低企业税务负担的机遇。
⑥ 与企业开户银行保持密切的日常关系。
⑦ 管理企业养老基金。
⑧ 管理企业的风险管理方案。

13.3.2　CFO必须具备的知识结构和技能

立志成为CFO的会计人，必须具备的知识结构和技能包括以下几个方面。

（1）必须掌握的核心知识有战略管理、企业治理、财务战略、财务报告、成本管理、风险管理、并购与重组、税收筹划、价值管理与全面预算、审计与内部控制、财务分析与预测、财务信息系统与ERP、经管责任与资产管理13个模块。

（2）相关知识包括行业知识、经济法、经济学、统计学、国际商务、行为学、外语、信息技术等。

（3）核心技能包括沟通交流与协调能力、领导技能与团队建设能力、系统思维与问题解决能力。

（4）相关技能包括灵活性、创造性、适应性、鉴别力。